진짜 공신들만 아는
초등 연산법

진짜 공신들만 아는 초등 연산법

지은이 임항섭·이정
발행인 조상현
편집인 제이군
디자인 Design IF
펴낸곳 더디퍼런스

초판 1쇄 인쇄 2017년 1월 20일
초판 1쇄 발행 2017년 2월 1일

등록번호 제2015-000237호
주소 서울시 마포구 마포대로 127, 304호
문의 02-725-9988
팩스 02-6974-1237
이메일 thedibooks@naver.com
홈페이지 www.thedifference.co.kr

ISBN 979-11-86217-68-9 73410

독자 여러분의 소중한 원고를 기다리고 있으니 많은 투고 바랍니다.
이 책은 저작권법 및 특허법에 따라 보호받는 저작물이므로 무단 전재와 무단 복제를 금합니다.
파본이나 잘못 만들어진 책은 구입하신 서점에서 바꾸어 드립니다.
책값은 뒤표지에 있습니다.

진짜 공신들만 아는 초등 연산법

임항섭 · 이정 지음

더디퍼런스

자신에게 맞는 수학 문제

나에게 맞는 수학 문제

같은 문제라도 학생에 따라서는 다르게 이해되고 느끼는 난이도도 다릅니다. 그렇기 때문에 학생에게 맞는 문제를 골라 제시하는 것은 학생의 수학 실력을 높이는 것은 물론이거니와 학습에 대한 흥미와 재미를 붙이는 데 무엇보다도 중요합니다. 이 책은 자녀에게 맞는 연신법을 찾고 한 단계 업그레이드 하기 위해 만든 책입니다.

연습, 질문, 문제

우리가 문제라고 하면 무엇인가를 묻는 것이라고 생각을 하기 쉽습니다. 하지만 수학에서는 문제를 세 가지로 구분합니다. 보통 교과서에 나오는 개념을 숙달시키기 위한 연습(exercise), 단순히 주어진 개념이나 사실을 알고 있는지를 확인해 보는 질문(question), 학생 스스로가 기존에 알고 있는 수학적 개념이나 기능을 이용해서 답을 찾아낼 수 있는 문제(problem)가 있습니다. 즉, 세 번째로 말한 문제는 학생에게 흥미와 도전 정신을 줄 수 있어야 합니다.

하지만 문제는 학생의 상황에 따라 바뀔 수 있습니다. 예를 들어 두 자리 수와 한 자리 수의 덧셈을 처음 배우는 1학년 학생에게 23＋9라는 문제가 주어진다면 어떨까요? 이 학생은 자신이 배웠던 한 자리 수의 덧셈이나 수모형 등 다양한 방법을 이용해서 답을 구하려고 할 것입니다. 하지만 2학년 학생에게 이 문제가 주어진다면 받아올림을 알고 있는지 알아보는 정도가 될 것입니다.

1학년 때에 개념을 학습했다면 다음 단계는 개념을 숙달하기 위한 연습을 해야 합니다. 개념을 충분히 이해한 상태에서 진행되는 숙달 연습은 학생들에게 재미와 흥미, 성취감을 줄 수 있습니다. 왜냐하면 아이들은 주어진 문제의 정답을 맞추는 것을 좋아하기 때문입니다. 반대로 개념의 이해가 부족한 상태에서의 연습은 학생에게 힘들고 어려운 과정이 됩니다.

기다림과 교육

우리는 1학년 문제를 2학년 때 풀면 쉽게 이해하는 경우가 많습니다. 아이가 조금 더 크면 수학뿐만 아니라 다른 과목에서도 문제를 이해하는 능력이 높아집니다. 그렇다면 왜 우리는 아이에게 쉬운 문제만을 제시하지 않을까요? 그것은 문제의 목적이 문제를 통해 아이의 사고 능력을 향상시키는 데에 있기 때문입니다. 이미 개념의 이해가 된 문제를 다시 반복하면 아이들은 학습 의욕이 떨어집니다. 그런 경우에는 질문이나 연습을 통해 다지기가 필요합니다. 하지만 아직 개념 이해가 부족하면 단순한 문제에서 다시 시작해야 합니다. 즉, 지금 자녀에게 맞는 문제를 골라 제시한다면 자녀의 수학 교육은 행복할 것입니다.

임항섭 · 이정으로부터

차례

덧셈

1. (몇)+(몇) 계산하기 10
2. (몇십 몇)+(몇) 계산하기 14
3. (몇십)+(몇십) 계산하기 18
4. (몇십 몇)+(몇십 몇) 계산하기 22
5. 세 수의 덧셈 계산하기 26
6. 덧셈의 규칙 찾기 30
7. 덧셈식에서 □의 값 구하기 34
8. (세 자리 수)+(세 자리 수) 계산하기 38
9. (네 자리 수)+(네 자리 수) 계산하기 42

뺄셈

1. (몇)−(몇) 계산하기 50
2. (몇십 몇)−(몇십 몇) 계산하기(1) 54
3. (몇십 몇)−(몇) 계산하기 58
4. (몇십 몇)−(몇십 몇) 계산하기(2) 62
5. 세 수의 뺄셈 계산하기 66
6. 10, 100, 1000에서 뺄셈하기 70
7. (세 자리 수)−(두 자리 수) 계산하기 74
8. (세 자리 수)−(세 자리 수) 계산하기 78
9. 뺄셈식에서 □의 값 구하기 84

곱셈

① (몇)×(몇) 계산하기 90
② (몇십 몇)×(몇) 계산하기 94
③ (몇백 몇십 몇)×(몇) 계산하기 98
④ (몇십)×(몇십) 계산하기 102
⑤ (몇십 몇)×(몇십 몇) 계산하기 106
⑥ 세 수의 곱셈 계산하기 114
⑦ 곱셈식에서 □의 값 구하기 118

① (몇십 몇)÷(몇) 계산하기(1) 124
② (몇십 몇)÷(몇) 계산하기(2) 128
③ (몇백 몇십 몇)÷(몇) 계산하기 132
④ (몇십 몇)÷(몇십 몇) 계산하기 136
⑤ (몇백 몇십 몇)÷(몇십 몇) 계산하기 140

나눗셈

정답 144

덧셈

1 (몇)+(몇) 계산하기
2 (몇십 몇)+(몇) 계산하기
3 (몇십)+(몇십) 계산하기
4 (몇십 몇)+(몇십 몇) 계산하기
5 세 수의 덧셈 계산하기
6 덧셈의 규칙 찾기
7 덧셈식에서 □의 값 구하기
8 (세 자리 수)+(세 자리 수) 계산하기
9 (네 자리 수)+(네 자리 수) 계산하기

1 (몇)+(몇) 계산하기

Q 계산해 보시오.

5 + 4   9 + 7   4 + 8

(한 자리 수)+(한 자리 수)의 계산은 덧셈의 기초가 됩니다. 1학년 때 덧셈의 개념을 처음 배우면서 다음 두 가지를 이해합니다.

수가르기 예 5는 1과 4, 2와 3, 3과 2, 4와 1로 가를 수 있다.
수모으기 예 1과 3, 2와 2, 3과 1을 모으면 4가 된다.

(한 자리 수)+(한 자리 수)는 계산 결과가 10보다 작거나 10보다 크거나 같은 경우로 나눌 수 있습니다. 이때 수를 가르고 모으는 방법을 적절하게 활용하면 더욱 쉽게 계산할 수 있습니다.

일반 학생의 방법

(몇)+(몇)을 세로셈으로 계산하는 방법은 다음과 같습니다.

❶ 받아올림이 없는 경우

$$\begin{array}{r} 5 \\ +\ 4 \\ \hline \end{array} \rightarrow \begin{array}{r} 5 \\ +\ 4 \\ \hline 9 \end{array}$$

수끼리 더해서 내려 씁니다.

❷ 받아올림이 있는 경우

$$\begin{array}{r} 9 \\ +\ 7 \\ \hline \end{array} \rightarrow \begin{array}{r} ^{1}\ \ \\ 9 \\ +\ 7 \\ \hline 6 \end{array} \rightarrow \begin{array}{r} ^{1}\ \ \\ 9 \\ +\ 7 \\ \hline 1\ 6 \end{array}$$

수끼리의 합이 10보다 크거나 같으면 10을 십의 자리로 받아올림합니다. 십의 자리로 받아올림한 숫자는 십의 자리로 내려 씁니다.

방법 ① 10을 기준으로 생각하기

5+5가 10이란 사실에 착안하면 5+4는 5+5−1이 되므로 10−1로 계산할 수 있습니다.

$$5+4 = 5+5-1 = 10-1 = 9$$

방법 ② 곱셈을 이용하여 계산하기

5+4는 5+5보다 1 작고 4+4보다 1 큽니다.
이에 착안하면 5×2−1 또는 4×2+1로 바꾸어 계산할 수 있습니다.

$$5+4 = 5\times2-1 = 9$$
$$5+4 = 4\times2+1 = 9$$

같은 방법으로 9+7을 계산해 봅시다.
9+7은 9+9보다 2 작으므로 9×2−2로 계산할 수 있습니다. 또는 7+7보다 2 크므로 7×2+2로 계산할 수 있습니다.

$$9+7 = 9\times2-2 = 16$$
$$9+7 = 7\times2+2 = 16$$

방법 ③ 10+(몇)으로 바꾸어 계산하기

9+7에서 7을 1과 6으로 가르면 9+1+6이 됩니다. 여기서 9와 1을 모으면 10이 되므로 10+6으로 계산할 수 있습니다.

$$9+7 = 9+1+6 = 10+6 = 16$$

이처럼 더해지는 수가 10이 되도록 더하는 수를 가르면 계산이 쉬워집니다. 같은 방법으로 9+4와 9+5를 계산해 봅시다.

$$9 + 4 = 9 + 1 + 3 = 10 + 3 = 13$$
$$9 + 5 = 9 + 1 + 4 = 10 + 4 = 14$$

또한, 뺄셈을 활용할 수도 있습니다.

9+7에서 9를 10으로 만든 다음 나중에 1을 빼면 됩니다.

$$9 + 7 = 10 + 7 - 1 = 16$$

방법 ④ 순서를 바꾸어 계산하기

4+8은 수를 어떻게 가르는 게 좋을까요? 아무래도 큰 수보다는 작은 수를 가르기가 쉽습니다. 이때 덧셈은 순서를 바꾸어도 계산 결과가 같다는 사실을 떠올립니다. 즉, 4+8은 8+4로 바꿀 수 있고, 4를 2+2로 가르면 8+2+2가 됩니다.

$$4 + 8 = 8 + 4 = 8 + 2 + 2 = 10 + 2 = 12$$

이처럼 10을 기준으로 덧셈할 때는 큰 수를 앞쪽으로 옮기는 것이 편합니다.

 **연습 문제**

Q 앞에서 배운 방법을 활용하여 다양한 방법으로 문제를 해결해 봅시다.

❶ 8 + 1   ❷ 9 + 8

❸ 8 + 5   ❹ 6 + 6

❺ 2 + 9   ❻ 5 + 7

 **나만의 새로운 문제와 풀이**

Q (몇) + (몇)의 문제를 만들고, 자신만의 새로운 풀이 방법을 생각해 봅시다.

2 (몇십 몇)+(몇) 계산하기

Q 계산해 보시오.

| 11 + 5 | 42 + 9 | 39 + 1 | 89 + 9 |

한 자리 수끼리의 덧셈을 익힌 후에는 (두 자리 수)+(한 자리 수)의 계산을 배웁니다. 학생 23명이 공부하는 학급에 1명이 더 전학왔을 때 전체 학생 수를 구하거나 학생 23명이 도화지를 1장씩 준비할 때 여분으로 5장을 더 가져오는 경우 등 실생활에서 자주 나오는 상황입니다. 수 모형을 이용해 십 모형과 낱개 모형이 몇 개가 되는지를 살펴보며 공부할 수도 있습니다.

일반 학생의 방법

(몇십 몇)+(몇)을 세로셈으로 계산하는 방법은 다음과 같습니다.

❶ 받아올림이 없는 경우

```
    1 1           1 1           1 1
  +   5    →   +   5    →   + ↓ 5
                    6           1 6
```

일의 자리 수끼리 더해서 일의 자리에 쓰고, 십의 자리의 숫자를 그대로 내려 씁니다.

❷ 받아올림이 있는 경우

```
              1             1
    4 2         4 2           4 2
  +   9   →  +   9    →   +   9
                  1           5 1
```

일의 자리 수끼리의 합이 10보다 크거나 같으면 10을 십의 자리로 받아올림 하고, 위쪽에 받아올림한 표시를 합니다. 받아올림한 숫자는 십의 자리 숫자와 더해서 씁니다.

방법 ① (몇십)+(몇)으로 바꾸어 계산하기

11+5에서 11은 10보다 1 큰 수입니다. 따라서 11+5를 10+5+1로 바꾸어 계산할 수 있습니다. 머릿셈으로 간단하게 10+5를 계산한 뒤에 1만 더해 주면 됩니다.

$$11+5 = 10+5+1 = 16$$

42+9의 계산도 40+9를 먼저 더한 뒤에 2를 더할 수 있습니다.

$$42+9 = 40+9+2 = 51$$

방법 ② 일의 자리 수끼리의 합이 10이 되는 경우

39+1을 잘 살펴보면 9와 1의 합이 10이라는 것을 알 수 있습니다.
39+1은 30+9+1이므로 30+10으로 계산할 수 있습니다.

$$39+1 = 30+9+1 = 30+10 = 40$$

일의 자리 수끼리의 합이 10이 되는 경우에는 십의 자리 숫자가 1 커집니다.

$$45+5=50$$
$$68+2=70$$

방법 ③ (몇십)+(몇)-(몇)으로 바꾸어 계산하기

42+9의 경우 42+10을 먼저 계산한 뒤 나중에 1을 빼면 됩니다. 즉, 42+9를 42+10-1로 바꾸어 계산합니다.

$$42+9 = 42+10-1 = 52-1 = 51$$

88+7의 경우에도 90+7로 계산한 뒤 2를 빼면 됩니다. 88을 90으로 바꾸었으므로 나중에 꼭 2를 빼야 합니다.

$$88+7 = 90+7-2 = 95$$

방법 ④ 곱셈을 이용하여 계산하기

일의 자리 수가 같은 수끼리 더할 때는 곱셈을 활용할 수 있습니다.
89+9의 경우 9+9는 9×2로 바꿀 수 있습니다. 즉, 89+9는 80+9×2로 계산할 수 있습니다.

$$89+9 = 80+9\times2 = 80+18 = 98$$

이 방법은 일의 자리 수가 다를 때도 적용할 수 있습니다. 예를 들어 38+7의 경우 30과 8×2의 합으로 계산한 뒤 1을 빼면 됩니다.

$$38+7 = 30+8\times2-1 = 46-1 = 45$$

연습 문제

Q. 앞에서 배운 방법을 활용하여 다양한 방법으로 문제를 해결해 봅시다.

❶ 21 + 3

❷ 51 + 7

❸ 49 + 3

❹ 58 + 6

❺ 77 + 7

❻ 46 + 4

❼ 세은이는 36개의 구슬을 가지고 있었습니다. 오늘 친구에게 생일 선물로 9개의 구슬을 받았다면, 세은이가 가진 구슬은 모두 몇 개입니까?

나만의 새로운 문제와 풀이

Q. (몇십 몇) + (몇)의 문제를 만들고 자신만의 새로운 풀이 방법을 생각해 봅시다.

3. (몇십)+(몇십) 계산하기

Q 계산해 보시오.

10 + 30   30 + 40   60 + 60   90 + 80

두 자리 수끼리의 덧셈에서 먼저 (몇십) + (몇십)에 대해 생각해 봅시다. 이러한 덧셈은 바로 일의 자리 수가 0이라는 특징이 있습니다. 쉽게 계산할 수 있는 문제이지만 다양한 방법을 생각해 보면서 다른 덧셈에서도 활용할 수 있는 창의적인 방법을 생각해 봅시다.

일반 학생의 방법

(몇십)+(몇십)을 세로셈으로 계산하는 방법은 다음과 같습니다.

❶ 받아올림이 없는 경우

```
  1 0        1 0        1 0
+ 3 0  →   + 3 0  →   + 3 0
  ───        ───        ───
              0          4 0
```

일의 자리 수가 모두 0이므로 일의 자리에 0을 쓰고, 십의 자리 숫자끼리 더해서 씁니다.

❷ 받아올림이 있는 경우

```
                            1            1
  6 0        6 0        6 0          ↓ 6 0
+ 6 0  →   + 6 0  →   + 6 0    →   +   6 0
  ───        ───        ───            ─────
              0          2 0          1 2 0
```

일의 자리 수가 모두 0이므로 일의 자리에 0을 씁니다. 십의 자리 숫자끼리의 합이 10보다 크거나 같으면 백의 자리로 받아올림하고, 위쪽에 받아올림한 표시를 합니다. 백의 자리로 받아올림한 숫자는 백의 자리로 내려 씁니다.

공신들의 방법

💡방법 ❶ (몇)+(몇)활용하기

1 + 3 = 4	2 + 4 = 6	7 + 2 = 9
10 + 30 = 40	20 + 40 = 60	70 + 20 = 90

위의 표를 살펴보면 규칙을 찾을 수 있습니다. 10+30을 계산한 40은 1+3을 계산한 4의 10배입니다. 이처럼 (몇십)+(몇십)의 계산은 십의 자리 숫자끼리 더한 값에 10배를 하면 됩니다. 즉, 십의 자리의 숫자끼리 더한 후 0을 하나 붙이면 됩니다.

$$10 + 30 = 40$$
$$1 + 3 = 4$$

특히 10+30이나 60+10처럼 10이 포함된 (몇십)+10의 계산은 몇십에서 십의 자리 숫자만 1 올려 주면 됩니다.

$$10 + 30 = 40$$
$$60 + 10 = 70$$

💡방법 ❷ 곱셈으로 바꾸어 계산하기

30+40을 계산하면 30+30보다 10 큰 수가 나옵니다. 따라서 30의 2배한 값에 10을 더하여 계산할 수 있습니다.

$$30 + 40 = 30 \times 2 + 10 = 70$$

여기서 〈방법 1〉을 응용하면 십의 자리 숫자만 생각해서 $3 \times 2 + 1$을 계산한 뒤 0을 붙이면 됩니다.

$$30 + 40 = 70$$
$$3 \times 2 + 1 = 7$$

60+60처럼 똑같은 수끼리 더할 때는 더 쉽게 계산할 수 있습니다. 6×2=12에 0을 붙이면 됩니다.

$$60 + 60 = 120$$
$$6 \times 2 = 12$$

곱셈구구만 외우고 있으면 머릿셈으로 빠르고 정확하게 계산할 수 있습니다.

방법 ❸ 규칙을 찾아 계산하기

90+80처럼 90이 포함된 (몇십)+(몇십)을 살펴보면 규칙을 찾을 수 있습니다.

| 90 + 80 = 170 | 90 + 40 = 130 | 50 + 90 = 140 | 60 + 90 = 150 |

덧셈식에서 90이 아닌 몇십의 십의 자리 숫자보다 1 작은 수가 답의 십의 자리 숫자가 됩니다. 그리고 백의 자리 숫자는 1이 됩니다.

이를 통해 90이 포함된 (몇십)+(몇십)은
① 백의 자리 숫자는 1, 일의 자리 숫자는 0이며,
② 십의 자리 숫자는 90이 아닌 몇십의 십의 자리 숫자보다 1 작은 수입니다.

연습 문제

Q 앞에서 배운 방법을 활용하여 다양한 방법으로 문제를 해결해 봅시다.

❶ 20 + 30

❷ 50 + 70

❸ 40 + 80

❹ 80 + 80

❺ 70 + 60

❻ 90 + 20

❼ 서연이는 90원, 민지는 70원이 있습니다. 두 사람이 가진 돈을 모아서 물건을 살 때, 살 수 있는 물건을 모두 골라 봅시다.

① 100원짜리 지우개 ② 150원짜리 연필 ③ 200원짜리 볼펜

나만의 새로운 문제와 풀이

Q (몇십) + (몇십)의 문제를 만들고 자신만의 새로운 풀이 방법을 생각해 봅시다.

4 (몇십 몇)+(몇십 몇) 계산하기

Q 계산해 보시오.

| 48 + 28 | 35 + 37 | 37 + 23 | 49 + 52 |

(몇십 몇) + (몇십 몇)은 (몇십) + (몇십)과 비교했을 때 일의 자리 수끼리의 덧셈이 있습니다. 우리 반 남학생이 12명, 여학생이 13명일 때 전체 학생 수를 구하거나, 교실에 역사책이 21권, 과학책이 17권 있을 때 책은 모두 몇 권인지 구하는 것처럼 실생활에서도 자주 나오는 상황입니다. 먼저 기본적인 풀이 방법을 이해한 다음 빠르고 효과적으로 계산할 수 있는 방법을 알아봅시다.

일반 학생의 방법

(몇십 몇)+(몇십 몇)을 세로셈으로 계산하는 방법은 다음과 같습니다.

❶ 받아올림이 없는 경우

```
    4 8           4 8           4 8
 +  2 0    →   +  2 0    →   +  2 0
 ───────       ───────       ───────
                     8           6 8
```

일의 자리 수끼리 더해서 쓰고, 십의 자리 숫자끼리 더해서 씁니다.

❷ 받아올림이 있는 경우

```
                    1             1
    4 8           4 8           4 0
 +  2 8    →   +  2 8    →   +  2 0
 ───────       ───────       ───────
                     6           7 6
```

일의 자리 수끼리의 합이 10보다 크거나 같으면 10을 십의 자리에 받아올림하고, 위쪽에 받아올림한 표시를 합니다. 십의 자리로 받아올림한 숫자는 십의 자리 숫자와 더해서 씁니다.

공신들의 방법

💡 방법 ❶ 십의 자리부터 계산하기

보통 세로셈으로 덧셈할 때 일의 자리부터 계산하지만, 십의 자리부터 계산할 수도 있습니다. 예를 들어 48+28은 40과 20의 합인 60과 8과 8의 합인 16의 합, 즉 60+16으로 계산할 수 있습니다. 이때 48과 28처럼 일의 자리 수가 같을 경우에는 일의 자리 수끼리의 덧셈을 곱셈으로 바꾸어 계산할 수 있습니다.

$$48 + 28 = 40 + 20 + 8 + 8 = 60 + 8 \times 2 = 60 + 16 = 76$$

💡 방법 ❷ 두 수가 비슷할 때 곱셈 이용하기

35+35처럼 두 수가 똑같을 때에는 35×2로 계산할 수 있습니다. 마찬가지로 두 수가 비슷할 때도 곱셈을 이용할 수 있습니다. 35+37에서 37은 35보다 2 큰 수입니다. 즉, 35×2를 계산한 다음 2를 더하면 됩니다.

$$35 + 37 = 35 \times 2 + 2 = 70 + 2 = 72$$

이를 응용하여 35+37을 보고 36을 떠올릴 수도 있습니다. 35는 36보다 1 작은 수이고, 37은 36보다 1 큰 수이므로 35+37은 36×2와 같다고 할 수 있습니다.

$$35 + 37 = 36 \times 2 = 72$$

💡 방법 ❸ 수의 일부분을 옮겨서 해결하기

37+23의 경우 23에서 3을 빼고, 37에 3을 더해서 계산할 수 있습니다. 즉, 23을 20으로, 37을 40으로 바꾸어 40+20으로 계산할 수 있습니다.

$$37 + 23 = (37 + 3) + (23 - 3) = 40 + 20 = 60$$

여기서 더 나아가 일의 자리 수끼리의 합이 10이 되는 경우에는 십의 자리 숫자끼리 더한 값에 1을 올려 주고, 일의 자리에 0을 붙이면 됩니다. 예를 들어 44+36의 경우, 일의 자리 수끼리의 합인 4+6=10이 한눈에 들어온다면 바로 십의 자리 숫자끼리 더한 4+3에 1을 올려 8을 구한 다음 0을 붙이면 됩니다.

$$44 + 36 = 80$$
$$4+3+1=8$$

방법 ④ (몇십)으로 바꾸어 계산하기

49+52에서 49는 50보다 1 작은 수입니다. 따라서 50+52로 고쳐 계산한 다음 1을 빼면 답을 쉽게 구할 수 있습니다. 49와 52를 모두 50으로 고쳐 계산할 수도 있습니다. 이것을 식으로 정리하면 다음과 같습니다.

$$49 + 52 = (50 - 1) + (50 + 2) = 50 + 50 - 1 + 2 = 101$$

49+52를 보고 바로 50×2+1로 바꾸는 학생은 수 감각이 매우 좋다고 할 수 있습니다.

$$49 + 52 = 50 \times 2 + 1 = 101$$

연습 문제

Q 앞에서 배운 방법을 활용하여 다양한 방법으로 문제를 해결해 봅시다.

❶ 21 + 58

❷ 51 + 29

❸ 47 + 31

❹ 58 + 95

❺ 66 + 68

❻ 46 + 71

❼ 은주는 인라인 스케이트장에서 오전에는 23바퀴, 오후에는 17바퀴를 돌았습니다. 은주는 오늘 인라인 스케이트장을 총 몇 바퀴를 돌았습니까?

나만의 새로운 문제와 풀이

Q (몇십 몇) + (몇십 몇)의 문제를 만들고 자신만의 새로운 풀이 방법을 생각해 봅시다.

5 세 수의 덧셈 계산하기

Q 계산해 보시오.

7 + 14 + 20   12 + 34 + 25   29 + 12 + 9

세 수의 덧셈은 두 수의 덧셈과 비교하여 수가 세 개 나타납니다. 일반적으로는 앞에서부터 순서대로 계산할 수 있고, 더 나아가면 더하기 쉬운 두 수부터 계산할 수도 있습니다. 더하거나 더해지는 세 수의 연관성을 찾는다면 더욱 창의적이고 합리적인 방법이 나올 수 있습니다. 덧셈식을 해결할 때 덧셈만 사용한다는 고정 관념을 버리고 다양한 방법을 탐구하는 것이 중요합니다.

일반 학생의 방법

세 수를 더할 때 보통 앞에서부터 차례대로 계산합니다. 하지만 덧셈은 순서를 바꾸어도 계산 결과가 같으므로 합이 10이 되는 두 수를 먼저 더해도 됩니다.

❶ 앞의 두 수를 먼저 더하기

11 + 4 + 6

15 + 6 = 21

❷ 뒤의 두 수를 먼저 더하기

11 + 4 + 6

11 + 10 = 21

❸ 끝의 두 수를 먼저 더하기

2 + 21 + 8

10 + 21 = 31

공신들의 방법

방법 ① 주어진 수의 연관성 생각하기

7+14+20에서 7과 14는 모두 7에 어떤 수를 곱한 수입니다. 즉, 7은 7×1이고, 14는 7×2입니다. 이를 활용하면 7+14+20은 7×3+20으로 바꾸어 계산할 수 있습니다.

$$7 + 14 + 20 = 7 \times 1 + 7 \times 2 + 20 = 7 \times 3 + 20 = 41$$

더 나아가서 20은 7에 3을 곱한 21보다 1 작은 수입니다.
그렇다면 7+14+20은 7+14+21보다 1 작아질 것입니다.
느낌이 오시나요? 7+14+21은 7×6로 계산한 다음 1만 빼면 됩니다.

$$7 + 14 + 20 = 7 \times 6 - 1 = 41$$

만약 7+14+20을 보고 바로 7×6-1이라는 식이 떠오른다면 수감각이 매우 뛰어난 것입니다.

방법 ② 계산하기 쉬운 수로 변형하기

12+34+25는 십의 자리 수끼리, 일의 자리 수끼리 각각 더하여 계산할 수 있습니다. 즉, 12+34+25=(10+30+20)+(2+4+5)=60+11=71로 계산할 수 있습니다.

$$12 + 34 + 25 = (10 + 30 + 20) + (2 + 4 + 5) = 60 + 11 = 71$$

굳이 식으로 쓰지 않아도 머릿속으로 바로 십의 자리는 1+3+2=6이므로 60, 일의 자리는 2+4+5=11이므로, 60에 11을 더하여 71이란 값을 구할 수 있습니다.
또한 더하기 쉬운 상태로 바꿀 수도 있습니다. 예를 들어 12+34+25보다 10+35+25가 더 계산하기 쉽습니다. 12에서 2를 뺐고, 34에서 1을 더했기 때문에 결과적으로 10+35+25에 1만 더하면 됩니다.

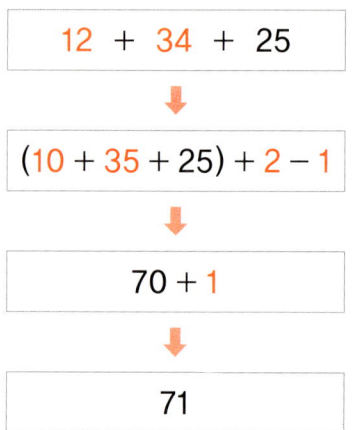

29+12+9는 수를 어떻게 바꾸는 것이 좋을까요?
12에서 2를 빼서 10으로 바꾼 뒤, 빼 둔 2 중 1은 29에, 1은 9에 더해 주면 30+10+10이라는 식으로 바꿀 수 있습니다.

$$29 + 12 + 9 = 30 + 10 + 10 = 50$$

이 방법이 익숙해지면 수를 계산하기 쉬운 수로 빠르게 바꿀 수 있습니다. 사람마다 다양한 방식으로 수를 변형할 수 있겠지요?

연습 문제

Q 앞에서 배운 방법을 활용하여 다양한 방법으로 문제를 해결해 봅시다.

❶ 38 + 3 + 17

❷ 24 + 17 + 8

❸ 15 + 20 + 25

❹ 18 + 23 + 49

❺ 17 + 27 + 37

❻ 25 + 44 + 11

❼ 25 + 39 + 15

❽ 29 + 31 + 26

❾ 17 + 32 + 43

❿ 88 + 37 + 52

나만의 새로운 문제와 풀이

Q 세 수의 덧셈 문제를 만들고 자신만의 새로운 풀이 방법을 생각해 봅시다.

6 덧셈의 규칙 찾기

Q 계산해 보시오.

| 9 + 7 | 8 + 18 | 12 + 36 | 5 + 6 + 7 |

일반적인 방법으로도 풀 수 있는 문제입니다. 하지만 주어진 수를 잘 관찰하여 규칙을 발견한다면 더욱 쉽고 빠르게 문제를 해결할 수 있습니다. 규칙을 찾는 동안 유연한 사고력과 창의성을 키울 수 있고, 문제 해결 능력을 기르는 데 도움이 될 수 있습니다.

일반 학생의 방법

여러 가지 방법으로 문제를 해결할 수 있습니다.

❶ 9+7 계산하기

9+7에서 7을 1과 6으로 가르면 답을 쉽게 구할 수 있습니다.

$$9+7 = 9+1+6 = 10+6 = 16$$

❷ 8+18 계산하기

큰 수에 작은 수를 더하는 것이 쉬우므로 순서를 바꾸어 계산합니다.

$$8+18 = 18+8 = 26$$

❸ 12+36 계산하기

받아올림이 없는 (몇십 몇)+(몇십 몇)의 계산은 앞에서부터 각 자리의 숫자끼리 더하면 됩니다.

$$\begin{array}{r} 1\ 2 \\ +\ 3\ 6 \\ \hline 4\ 8 \end{array}$$

공신들의 방법

방법 ❶ 9에 어떤 수를 더할 때의 규칙 생각하기

9가 있는 수에 다른 수를 더하는 상황을 생각해 봅시다.

$$9 + 3 = 12 \qquad 9 + 5 = 14 \qquad 19 + 8 = 27 \qquad 29 + 6 = 35$$

규칙을 발견했나요? 바로 9에 더하는 수의 일의 자리 수보다 1 작은 수가 답의 일의 자리 수가 됩니다. 또한, 답의 십의 자리 숫자는 9가 있는 수의 십의 자리 숫자보다 1 큰 수가 됩니다.

$$9 + 7 = 16$$

$$19 + 8 = 27$$

방법 ❷ 일의 자리 수가 같을 때의 규칙 생각하기

8+18의 식의 특징은 무엇입니까? 바로 일의 자리 수가 8로 똑같다는 것입니다. 일의 자리와 십의 자리 수를 가르면 8+8+10이 되므로 8×2를 한 뒤에 10을 더하면 됩니다.

$$8 + 18 \;=\; 8 + 8 + 10 \;=\; 8 \times 2 + 10 \;=\; 26$$

그렇다면 19+29라는 식은 어떻게 가를 수 있을까요? 일의 자리 수와 십의 자리 수를 가르면 10+9+20+9가 되고, 9+9는 9×2로 바꿀 수 있으므로 다음과 같이 계산할 수 있습니다.

$$19 + 29 \;=\; 10 + 20 + 9 + 9 \;=\; 30 + 9 \times 2 \;=\; 48$$

같은 방법으로 17+27+37을 계산한다면 10+20+30=60과 7×3=21를 더하여 답을 구할 수 있습니다.

$$17 + 27 + 37 \;=\; 10 + 20 + 30 + 7 \times 3 \;=\; 60 + 21 \;=\; 81$$

방법 ③ 수 사이의 관계 생각하기

12+36에서는 어떤 규칙을 찾을 수 있나요? 36이 12에 3을 곱한 수라는 사실입니다. 따라서 12+36은 12+12×3이므로 12×4와 같습니다.

$$\boxed{12 + 36} = \boxed{12 + 12 \times 3} = \boxed{12 \times 4} = \boxed{48}$$

5+6+7에서는 어떤 규칙을 찾을 수 있을까요? 바로 5, 6, 7이 연속으로 이어지는 자연수라는 점입니다. 5는 6보다 1 작은 수이고, 7은 6보다 1 큰 수이므로 5+6+7은 6을 3번 더한 6×3과 같습니다.

$$\boxed{5 + 6 + 7} = \boxed{6 \times 3} = \boxed{18}$$

이를 응용하여 12+15+18도 바로 구할 수 있습니다. 12+15+18에서 12는 15보다 3 작은 수이고, 18은 15보다 3 큰 수입니다. 따라서 12+15+18는 15×3과 같습니다.

$$\boxed{12 + 15 + 18} = \boxed{15 \times 3} = \boxed{45}$$

연습 문제

Q 앞에서 배운 방법을 활용하여 다양한 방법으로 문제를 해결해 봅시다.

❶ 29 + 7

❷ 29 + 37

❸ 28 + 48

❹ 22 + 44 + 11

❺ 9 + 11 + 13

❻ 20 + 25 + 30

❼ 같은 모둠인 세 친구가 선생님께 칭찬 쿠폰을 각각 6개, 9개, 12개를 받았습니다. 세 친구가 받은 칭찬 쿠폰은 모두 몇 개입니까?

나만의 새로운 문제와 풀이

Q 규칙이 있는 덧셈 문제를 만들고 자신만의 새로운 풀이 방법을 생각해 봅시다.

7 덧셈식에서 □의 값 구하기

Q 계산해 보시오.

7 + □ = 15   □ + 19 = 42   26 + □ = 32   □ + 5 + 9 = 18

보통 덧셈 문제는 어떤 수와 어떤 수를 더한 값을 물을 때가 많습니다. 하지만 어떤 경우에는 계산 결과를 알려 주고, 더하거나 더해지는 수 중 하나를 묻는 문제도 있습니다. 중학교 때 배울 방정식의 기초가 되는 것으로, 덧셈의 계산 과정을 바르게 이해하고 있으면 어렵지 않게 문제를 해결할 수 있습니다. 예를 들어 아침에 냉장고에 우유가 2개 있었는데, 점심 때 어머니께서 마트를 다녀오신 뒤 우유가 7개로 늘었다면 어머니께서 몇 개의 우유를 사 오신 걸까요? 문제를 해결하기 위해 어머니께서 새로 사 오신 우유의 개수를 □개로 생각하여 2+□=7이라는 식을 세울 수 있습니다. 이런 문제를 어떻게 해결할 수 있는지 다양한 풀이 방법을 함께 생각해 봅시다.

2+□=7에서 □를 여러 가지 방법으로 구할 수 있습니다.

❶ 다양한 수 넣어보기

모르는 수 □를 구할 때는 다양한 수를 넣어 보고, 그중에 알맞은 수를 찾으면 됩니다. 2+□=7에서 □ 대신에 각각 3, 4, 5를 넣어 보면 2+3=5, 2+4=6, 2+5=7이므로 □는 5라는 것을 알 수 있습니다.

❷ 수직선 이용하기

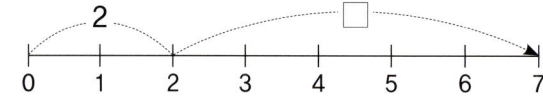

2에서 7이 되려면 오른쪽으로 5칸을 더 가야 하므로 □는 5입니다.

방법 ❶ □ 안의 수를 예측한 뒤 알맞은 수 찾기

7+□=15에서 □안에 들어갈 수를 예측해 봅시다. □에 10을 넣으면 7+10=17이므로 15보다 2 큰 수가 나옵니다. 따라서 □는 10보다 2 작은 수라는 것을 알 수 있습니다.

| 7 + □ = 15 | ➡ | 7 + 10 = 17 | ➡ | 10 − 2 = 8 | ➡ | □ = 8 |

□에 10 넣어 보기 　　□는 10보다 2 작은 수

만약 □에 7을 넣었다면 7+7=14로 15보다 1 작은 수가 나옵니다. □는 7보다 1 큰 수라는 것을 알 수 있습니다.

| 7 + □ = 15 | ➡ | 7 + 7 = 14 | ➡ | 7 + 1 = 8 | ➡ | □ = 8 |

□에 7 넣어 보기 　　□는 7보다 1 큰 수

이 방법은 여러 가지 수를 넣어볼 필요가 없이 한 번만 예측하고 바로 정답을 찾을 수 있습니다.

방법 ❷ 식 바꾸어 생각하기

□+19=42에서 19를 20으로 고치면 어떻게 될까요?
더하는 수가 19에서 20으로 1이 커졌으므로, 42도 1이 커질 것입니다.
즉, □+20=43이라고 바꿀 수 있고, 간단하게 □가 23임을 알 수 있습니다.

| □ + 19 = 42 | ➡ | □ + 20 = 43 | ➡ | □ = 23 |

또, □+19=42를 □+19=49로 생각할 수도 있습니다. 일의 자리 수를 일치시켰기 때문에, □가 30이라는 것을 쉽게 알 수 있고, 42는 49보다 7 작기 때문에 30에서 7을 빼면 23이라는 답이 나옵니다.

| □ + 19 = 42 | ➡ | □ + 19 = 49 | ➡ | □ = 30 |
| 30 − 7 = 23 | ➡ | □ = 23 |

같은 방법으로 26+□=32을 계산하면 26+□=30으로 바꿀 수 있고, □는 4가 됩니다. 32는 30보다 2 큰 수이므로 4에 2를 더해 □를 구합니다.

$$26 + \square = 32 \Rightarrow 26 + \square = 30 \Rightarrow \square = 4$$
$$4 + 2 = 6 \Rightarrow \square = 6$$

마찬가지로 □+5+9=18에서 9를 10으로 바꾸면 □+5+10=18이 되어 □는 3이 됩니다. 9를 10으로 바꾸었으므로 3에 1을 더해 □를 구합니다.

$$\square + 5 + 9 = 18 \Rightarrow \square + 5 + 10 = 18 \Rightarrow \square = 3$$
$$3 + 1 = 4 \Rightarrow \square = 4$$

좀 더 나아가서 □+5+9=18에서 9를 10으로, 18을 20으로 바꾸어 계산할 수 있습니다. □+6+10=20이므로 □는 4입니다.

□	+	5	+	9	=	18
		↓+1		↓+1		↓+2
□	+	6	+	10	=	20

방법 3 곱셈구구 이용하기

7+□=15에서 15는 7×2+1이므로 7+7+1로 생각 할 수 있습니다. 따라서 □는 7+1이 됩니다.

$$7 + \square = 15 \Rightarrow 7 + \square = 7 + 7 + 1 \Rightarrow \square = 7 + 1 \Rightarrow \square = 8$$

같은 방법으로 □+5+9=18에서 18은 9×2, 즉 9+9로 생각할 수 있습니다. □+5+9=9+9이므로 □+5=9, □=4입니다.

$$\square + 5 + 9 = 18 \Rightarrow \square + 5 + 9 = 9 + 9 \Rightarrow \square + 5 = 9 \Rightarrow \square = 4$$

연습 문제

Q 앞에서 배운 방법을 활용하여 다양한 방법으로 문제를 해결해 봅시다.

❶ □ + 8 = 17

❷ 5 + □ = 16

❸ 3 + □ + 4 = 17

❹ □ + 12 = 36

❺ 22 + □ = 41

❻ □ + 54 = 82

❼ 42 + □ = 89

❽ □ + 7 + 14 = 28

❾ 11 + □ + 21 = 52

❿ 16 + 23 + □ = 64

나만의 새로운 문제와 풀이

Q □가 들어가는 덧셈식 문제를 만들고 자신만의 새로운 풀이 방법을 생각해 봅시다.

8 (세 자리 수)+(세 자리 수) 계산하기

Q 계산해 보시오.

232 + 429   324 + 328   188 + 437   234 + 749

세 자리 수끼리의 덧셈은 앞서 배운 한 자리 수끼리의 덧셈, 두 자리 수끼리의 덧셈 방법을 적용하여 해결할 수 있습니다. 이러한 계산을 할 수 있으면 더 큰 자릿수를 가진 수끼리도 덧셈할 수 있습니다. 일반적으로 일의 자리부터 더하고, 받아올림하여 계산하는 것도 좋지만, 그 방법만이 덧셈을 풀 수 있는 유일한 방법은 아닙니다. 문제를 좀 더 쉽고 빠르게 계산할 수 있는 방법, 자신만의 독특한 방법을 생각해 보는 것은 수학적으로 유연한 사고력과 창의성을 길러줄 수 있습니다. 정답에 도달할 수 있는 다양한 방법을 생각해 보고 가장 알맞은 방법을 선택하는 능력이 중요합니다.

일반 학생의 방법

(세 자리 수)+(세 자리 수)를 세로셈으로 계산하는 방법은 다음과 같습니다.

```
       2 3 2         ¹
     + 4 2 9   →   2 3 2
     ───────      + 4 2 9
                  ───────
                        1
```

```
         1             1
       2 3 2         2 3 2
   →  + 4 2 9   →  + 4 2 9
     ───────      ───────
         6 1        6 6 1
```

일의 자리부터 같은 자리 숫자끼리 더합니다. 이때 같은 자리 숫자끼리의 합이 10보다 크거나 같으면 바로 윗자리로 받아올려 계산합니다.

공신들의 방법

💡방법 ❶ 백, 십, 일의 자리의 수를 각각 덧셈하기

232+429의 계산을 할 때, 백 단위, 십 단위, 일 단위의 수끼리 묶어 더할 수 있습니다.

232	+	429
200 + 30 + 2	+	400 + 20 + 9
= 200 + 400 + 30 + 20 + 2 + 9		
= 600 + 50 + 11		
= 661		

이와 같이 덧셈식을 세 수의 덧셈으로 바꾸면 계산이 훨씬 쉬워집니다.

💡방법 ❷ 몇백 몇십으로 고쳐 덧셈하기

188은 190보다 2 작은 수이고, 437은 440보다 3 작은 수입니다. 세 자리 수를 계산하기 쉬운 몇백 몇십으로 바꾼 다음, 더하거나 뺀 수만큼 다시 더하거나 빼면 됩니다.

188	+	437
190 − 2	+	440 − 3
= 190 + 440 − 2 − 3		
= 630 − 5		
= 625		

또는

188	+	437
190 − 2	+	430 + 7
= 190 + 430 − 2 + 7		
= 620 + 5		
= 625		

💡방법 ❸ 비슷한 수끼리 더할 때는 곱셈 활용하기

324+328을 보면 두 수가 비슷하다는 사실을 알 수 있습니다. 이럴 땐 곱셈을 활용해서 계산할 수 있습니다.

328은 324보다 4 큰 수이기 때문에 328=324+4로 나타낼 수 있습니다. 즉,

324+328은 324×2에 4를 더하면 됩니다.

$$\boxed{324 + 328} = \boxed{324 \times 2 + 4} = \boxed{648 + 4} = \boxed{652}$$

더 나아가 324+328을 좀 더 자세히 살펴봅시다. 328에서 2를 빼서 324에 더해 준다면 어떻게 될까요?

$$\boxed{324 + 328} = \boxed{326 + 326} = \boxed{326 \times 2} = \boxed{652}$$

이처럼 주어진 수를 살펴보면 좀 더 새로운 계산 방법을 찾아낼 수 있습니다.

방법 ④ 수의 일부분을 옮겨 계산하기

234+749를 계산할 때, 일의 자리 수인 4와 9를 더하면 13이므로 받아올림이 있다는 것을 알 수 있습니다.

그렇다면 234에서 1을 빼서 749에 더하면 어떻게 될까요? 식을 233+750으로 바꿀 수 있습니다. 이제는 받아올림이 없으므로, 좀 더 쉽게 계산할 수 있겠지요?

$$\boxed{234 + 749} = \boxed{(234 - 1) + (749 + 1)} = \boxed{233 + 750} = \boxed{983}$$

 **연습 문제**

Q 앞에서 배운 방법을 활용하여 다양한 방법으로 문제를 해결해 봅시다.

❶ 218 + 373

❷ 514 + 727

❸ 492 + 501

❹ 585 + 586

❺ 177 + 758

❻ 426 + 269

❼ 상호는 학교 야구부에 들어가기 위해 시험에 참가하였습니다. 시험의 내용은 공 멀리 던지기였습니다. 각자 두 번의 기회가 주어지고, 두 번의 기록의 합이 250m를 넘어야 합격할 수 있습니다. 상호의 기록이 다음과 같았다면, 상호는 합격일까요 불합격일까요? 총점을 계산하여 빈 칸을 채우고, 물음에 답해 봅시다.

<공 멀리 던지기 상호 기록>					
1회	127m	2회	129m	총점	m
상호는 야구부 입단 시험에 합격하였습니까?					

 **나만의 새로운 문제와 풀이**

Q (세 자리 수) + (세 자리 수)의 문제를 만들고 자신만의 새로운 풀이 방법을 생각해 봅시다.

9 (네 자리 수)+(네 자리 수) 계산하기

Q 계산해 보시오.

1285 + 3928   3547 + 3658

네 자리 수끼리의 덧셈은 세 자리 수끼리의 덧셈과 마찬가지로 받아올림하면서 세로셈으로 계산할 수 있습니다. 보통은 세로셈으로 덧셈할 때 일의 자리부터 계산합니다. 하지만 받아올림이 없는 덧셈이라면 천의 자리 즉, 앞에서부터 계산할 수 있겠지요? 받아올림이 있는 덧셈의 경우에는 어떨까요? 생각을 넓혀서 다양한 방법을 살펴보고 이를 적용하여 문제를 해결해 봅시다.

일반 학생의 방법

(네 자리 수)+(네 자리 수)를 세로셈으로 계산하는 방법은 다음과 같습니다.

```
                          1                1 1
    1 2 8 5        1 2 8 5          1 2 8 5
  + 3 9 2 8  →   + 3 9 2 8   →    + 3 9 2 8
  ─────────      ─────────         ─────────
                          3              1 3

      1 1 1              1 1 1
    1 2 8 5            1 2 8 5
  + 3 9 2 8   →     + 3 9 2 8
  ─────────          ─────────
      2 1 3          5 2 1 3
```

일의 자리부터 같은 자리의 숫자끼리 더합니다. 이때 같은 자리의 숫자끼리의 합이 10보다 크거나 같으면 바로 윗 자리로 받아올려 계산합니다.

공신들의 방법

💡방법 ❶ 앞에서부터 계산하기

받아올림이 있는 덧셈을 앞에서부터 계산하면 어떻게 될까요? 혹시 천의 자리, 즉 앞에서부터 계산할 수는 없다는 선입견을 갖고 있나요?
1285+3928를 앞에서부터 세로셈으로 계산해 봅시다.

```
    천 백 십 일
    1  2  8  5
 +  3  9  2  8
 ─────────────
    4             ← ① 1+3을 계산하여 천의 자리에 4를 씁니다.
    1  1          ← ② 2+9를 계산하여 천의 자리에 1, 백의 자리에 1을 씁니다.
       1  0       ← ③ 8+2를 계산하여 백의 자리에 1, 십의 자리에 0을 씁니다.
          1  3    ← ④ 5+8을 계산하여 십의 자리에 1, 일의 자리에 3을 씁니다.
 ─────────────
    5  2  1  3    ← ⑤ 각 자리에 맞춰 덧셈하여 답을 구합니다.
```

같은 방법으로 3547+3658도 앞에서부터 계산해 봅시다.

```
    천 백 십 일
    3  5  4  7
 +  3  6  5  8
 ─────────────
    6  1          ← ① 3+3을 계산하여 천의 자리에 6을 씁니다.
    1  1          ← ② 5+6을 계산하여 천의 자리에 1, 백의 자리에 1을 씁니다.
          9       ← ③ 4+5를 계산하여 십의 자리에 9를 씁니다.
          1  5    ← ④ 7+8를 계산하여 십의 자리에 1, 일의 자리에 5를 씁니다.
 ─────────────
    7  2  0  5    ← ⑤ 각 자리에 맞춰 덧셈하여 답을 구합니다.
```

이처럼 덧셈을 세로셈으로 앞에서부터 계산할 수 있습니다.

💡방법 ❷ 두 자리씩 구분하여 덧셈하기

(네 자리 수)+(네 자리 수)는 천의 자리와 백의 자리, 그리고 십의 자리와 일의 자리로 두 자리씩 구분하여 더할 수 있습니다. 즉, 1285+3928에서 1200+3900과 85+28을 계산한 값을 더하는 것입니다.

```
    천 백 십 일
      1  2  8  5
   +  3  9  2  8
   ─────────────
            1  1  3   ← ① 85 + 28을 계산하여 위치에 맞춰 씁니다.
         5  1         ← ② 12 + 39를 계산하여 위치에 맞춰 씁니다.
   ─────────────
      5  2  1  3      ← ③ 각 자리에 맞춰 덧셈하여 답을 구합니다.
```

같은 방법으로 3547 + 3658도 계산해 볼까요?

네 자리 수 이상의 덧셈도 이와 같은 방법을 적용할 수 있습니다. 때로는 세 자리씩 구분하여 덧셈을 할 수도 있겠지요? 다양한 방법이 가능합니다.

두 자리씩 구분하여 더하기
```
      1 2 4 4 7 6
   +  4 7 9 3 1 5
   ─────────────────
                9 1
        1 1 3 7
      5 9
   ─────────────────
      6 0 3 7 9 1
```

세 자리씩 구분하여 더하기
```
      1 2 4 4 7 6
   +  4 7 9 3 1 5
   ─────────────────
              7 9 1
      6 0 3
   ─────────────────
      6 0 3 7 9 1
```

네 자리씩 구분하여 더하기
```
      1 2 4 4 7 6
   +  4 7 9 3 1 5
   ─────────────────
          1 3 7 9 1
      5 9
   ─────────────────
      6 0 3 7 9 1
```

 **연습 문제**

Q 앞에서 배운 방법을 활용하여 다양한 방법으로 문제를 해결해 봅시다.

❶ 3824 + 4982

❷ 1247 + 3289

❸ 6392 + 1999

❹ 4478 + 3245

❺ 9327 + 3588

❻ 7777 + 9999

❼ 3385 + 2977

❽ 2956 + 5884

❾ 2015년까지 공신초등학교를 졸업한 학생 수는 모두 8276명입니다. 2016년 2월 졸업식에서 1048명이 졸업하였다면 2016년까지 공신초등학교를 졸업한 학생 수는 모두 몇 명입니까?

 **나만의 새로운 문제와 풀이**

Q (네 자리 수) + (네 자리 수)의 문제를 만들고 자신만의 새로운 풀이 방법을 생각해 봅시다.

복면산

복면산에 대해서 들어본 적이 있나요? 복면산이란 숫자들이 복면(mask)을 쓰고 있는 것처럼, 실제로 어떤 숫자인지 알 수 없는 형태로 이루어진 계산식을 말합니다. 예를 들어 다음 복면산을 살펴봅시다.

```
  A B
+   B
-----
  B A
```

❶ A는 0이 아닙니다.
❷ A와 B는 서로 다른 수입니다.
❸ 같은 문자는 서로 같은 숫자입니다.

어떻게 하면 복면을 쓰고 있는 것처럼 정체를 알 수 없는 숫자 A, B의 값을 알 수 있을까요? 위의 문제를 잘 살펴보면 다음의 사실을 알 수 있습니다.

❶ 십의 자리 수 A가 B로, 서로 다른 숫자가 되었다는 것 → 받아올림이 있다
❷ 따라서 B는 A보다 1 큰 수, 다시 말해 A는 B보다 1 작은 수이다.
❸ 받아올림이 있으려면 B+B 가 10보다 커야하기 때문에 B는 6, 7, 8, 9 중 하나이다.
❹ 6, 7, 8, 9 중 두 번 더하여 일의 자리 수와의 차가 1인 수는 9이다.

따라서 B는 9이고 A는 8입니다. 이처럼 복면산 문제를 해결하기 위해서는 논리적으로 생각하여 단서를 찾아야 합니다. 여러분이 직접 새로운 복면산 문제를 만들어 보면 어떨까요?

스도쿠

스도쿠는 일정한 규칙에 따라 숫자가 겹치지 않게 위치하도록 만드는 퍼즐 게임입니다. 보통 9×9=81칸으로 이루어진 문제가 많으며 규칙은 다음과 같습니다.

9	8	5	3	7	6	2	1	4
4	2	1	9	5	8	7	3	6
6	7	3	2	4	1	8	9	5
5	1	8	7	6	2	3	4	9
2	3	6	8	9	4	1	5	7
7	9	4	5	1	3	6	2	8
1	5	9	6	2	7	4	8	3
3	4	7	1	8	5	9	6	2
8	6	2	4	3	9	5	7	1

❶ 모든 가로줄, 세로줄의 9칸에는 1부터 9까지의 숫자가 한 번씩만 들어가야 합니다.

❷ 3×3형태로 9칸으로 이루어진 사각형 안에도, 1부터 9까지의 숫자가 한 번씩만 들어가야 합니다. 그러한 사각형은 9개가 있습니다.

❸ 위의 규칙을 지켜 빈칸에 들어갈 알맞은 수를 찾는 게임입니다.

 스도쿠 퍼즐은 재미있을 뿐 아니라 규칙이 간단하고 다양한 문제를 만들 수 있어서 전 세계 사람들이 즐기는 게임입니다. 스도쿠 게임에 도전하면서 수학적 사고력과 추론 능력을 길러 봅시다.
스도쿠 문제에 도전해 보고 더 나아가 내가 직접 스도쿠 문제를 만들어 봅시다.

스도쿠 문제 도전!

7	4			6	3		1	5
9		2		1			6	
	5	6	7		4		3	9
2		3		9		1		
	6	1	2		7	9	4	
5			3	8		2		6
	1	9	5		8	6		7
	2	7		3	9		8	5
4			6			3		1

내가 만든 스도쿠 문제

뺄셈

❶ (몇) − (몇) 계산하기
❷ (몇십 몇) − (몇십 몇) 계산하기(1)
❸ (몇십 몇) − (몇) 계산하기
❹ (몇십 몇) − (몇십 몇) 계산하기(2)
❺ 세 수의 뺄셈 계산하기
❻ 10, 100, 1000에서 뺄셈하기
❼ (세 자리 수) − (두 자리 수) 계산하기
❽ (세 자리 수) − (세 자리 수) 계산하기
❾ 뺄셈식에서 □의 값 구하기

1 (몇)-(몇) 계산하기

Q 계산해 보시오.

3 − 1   5 − 4   4 − 4   6 − 0

한 자리 수끼리의 뺄셈은 뺄셈의 기초입니다. 사탕이 2개 있었는데 1개를 먹으면 몇 개가 남을까요? 은주는 구슬이 5개 있고, 세은이는 구슬이 3개 있다면, 은주가 가진 구슬은 세은이보다 몇 개 더 많을까요? 이런 문제를 해결하기 위해 알맞은 뺄셈식을 세우고 풀어야 합니다. 일반적인 해결 방법을 살펴보고 또 다른 방법은 없는지 생각해 봅시다.

일반 학생의 방법

(몇)−(몇)은 여러 가지 방법으로 해결할 수 있습니다.

❶ 세로셈으로 해결하기

```
   3         3
 − 1   →   − 1
 ───       ───
             2
```

수끼리 빼서 내려 씁니다.

❷ 수직선으로 해결하기

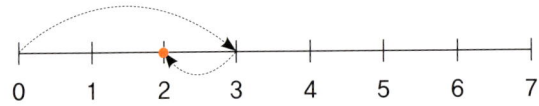

수직선에서 오른쪽으로 3칸 갔다가 왼쪽으로 1칸 가면, 모두 2칸을 이동한 것이므로 3−1=2입니다.

$$3-1=2$$

방법 ❶ 덧셈과의 관계 생각해 보기

3에서 1을 뺀다는 것은 1에 어떤 수를 더하면 3이 되는지를 생각하는 것과 같습니다. 그럼 1에 어떤 수를 더해야 3이 될까요? 바로 2입니다.

| 3 − 1 = 2 | 1 + 2 = 3 |

방법 ❷ 연속되는 수를 뺐을 때의 값

자연수에서 연속된 두 수의 차는 항상 1입니다.

| 2 − 1 = 1 | 3 − 2 = 1 | 4 − 3 = 1 |

5−4에서 4와 5또한 연속되는 두 수로, 5−4=1이라는 것을 알 수 있습니다.

방법 ❸ 같은 수를 뺐을 때의 계산

만두가 3개 있었는데 3개를 모두 먹었다면 몇 개가 남았을까요? 나와 친구가 각각 연필을 4자루씩 갖고 있다면, 둘이 가진 연필은 몇 개 차이일까요? 이처럼 어떤 수에서 같은 수를 빼면 0이 됩니다.

| 2 − 2 = 0 | 3 − 3 = 0 | 4 − 4 = 0 |

방법 ❹ 0을 빼는 계산

0을 빼는 계산은 어떻게 될까요? 냉장고에 음료수가 4개 있었는데 하나도 꺼내지 않았다면 모두 그대로 남아 있겠지요? 이처럼 어떤 수에서 0을 빼면 어떤 수 그대로 답이 됩니다.

| 2 − 0 = 2 | 3 − 0 = 3 | 4 − 0 = 4 |

따라서 6−0=6이라는 것을 알 수 있습니다.

 **연습 문제**

Q 앞에서 배운 방법을 활용하여 다양한 방법으로 문제를 해결해 봅시다.

❶ 7 − 3

❷ 9 − 5

❸ 6 − 0

❹ 2 − 2

❺ 8 − 7

❻ 5 − 1

❼ 세은이는 선물로 새 공책을 4권 받았습니다. 이 중 1권을 일기장으로 사용하였습니다. 세은이에게 남아있는 새 공책은 몇 권일까요?

 **나만의 새로운 문제와 풀이**

Q (몇) − (몇)의 문제를 만들고 자신만의 새로운 풀이 방법을 생각해 봅시다.

가우스 이야기

독일의 수학자 가우스를 알고 있나요?
가우스는 19세기에 수학 분야에서 뛰어난 업적을 남긴 수학자입니다. 그는 위대한 업적 뿐 아니라, 어렸을 때 덧셈과 관련된 일화로 유명합니다. 이야기를 듣고 수학 문제에서 다양한 방법을 시도하는 것이 얼마나 중요한지 생각해 봅시다.

> 가우스가 10살 때 있었던 일입니다.
> 어느 날 담임 선생님께서 학생들에게 1부터 100까지의 수를 모두 더하면 얼마인지 물었습니다.
> 학생들은 열심히 1부터 100까지 차례대로 수를 하나씩 더하기 시작했고, 선생님은 답을 맞추려면 시간이 오래 걸릴 거라고 생각했습니다.
> 그런데 그때, 가우스가 손을 번쩍 들며 말했습니다.
> "정답은 5050입니다."
> 선생님이 깜짝 놀라 어떻게 정답을 빨리 알았는지 물었습니다.
> "1부터 100까지의 수를 1과 100, 2와 99, 3과 98 으로 묶어서 생각했어요.
> 1+100=101, 2+99=101, 3+98=101, … 이런식으로 하면 1부터 100까지의 합은 101이 50개니까 101×50=5050이 됩니다."
> 선생님과 친구들은 가우스가 문제를 해결한 방법에 크게 감탄했습니다.

가우스는 어떻게 1부터 100까지의 합을 구하였나요?
(1, 100), (2, 99), (3, 98), … , (48, 53), (49, 52), (50, 51)로 수를 짝지어 보면, 짝지은 두 수의 합은 101로 똑같다는 사실을 이용했어요.
여러분도 수학 문제가 주어졌을 때 일반적인 해결 방법 뿐 아니라 좀 더 쉽고 빠르게 계산할 수 있는 새로운 방법에 도전해 보세요.

2 (몇십 몇)−(몇십 몇) 계산하기(1)

Q 계산해 보시오.

70 − 30   55 − 12   49 − 29   38 − 21

두 자리 수끼리의 뺄셈 문제 중에서 받아내림이 없는 경우입니다. (몇십) − (몇십)의 문제를 포함해서 일반적인 방법과 함께 다양한 방법을 생각해 봅시다.

받아내림이 없는 두 자리 수끼리의 뺄셈을 세로셈으로 계산하는 방법은 다음과 같습니다.

❶ (몇십)−(몇십) 계산하기

```
   7 0          7 0          7 0
 − 3 0    →   − 3 0    →   − 3 0
              ─────        ─────
                  0          4 0
```

일의 자리 수가 모두 0이므로 일의 자리에 0을 쓰고, 십의 자리 숫자끼리 빼서 씁니다.

❷ (몇십 몇) − (몇십 몇) 계산하기

```
   5 5          5 5          5 5
 − 1 2    →   − 1 2    →   − 1 2
              ─────        ─────
                  3          4 3
```

일의 자리 수끼리 빼서 쓰고, 십의 자리 숫자끼리 빼서 씁니다.

공신들의 방법

💡 방법 ❶ (몇십)-(몇십)의 규칙 생각하기

(몇십)−(몇십)을 계산한 결과를 보면 규칙을 찾을 수 있습니다.

| 20 − 10 = 10 | 40 − 20 = 20 | 60 − 30 = 30 | 90 − 50 = 40 |

빼어지는 수와 빼는 수의 일의 자리 수가 모두 0이므로, 0−0=0이기 때문에 일의 자리 수는 항상 0이 됩니다. 따라서 (몇십)−(몇십)의 계산은 십의 자리 숫자끼리 뺀 뒤 일의 자리에 0을 붙이면 됩니다.

$$70 - 30 = 40$$
$$7 - 3 = 4$$

💡 방법 ❷ 십의 자리부터 계산하기

받아내림이 없는 뺄셈이기 때문에 일의 자리부터 계산하지 않아도 됩니다. 십의 자리부터 각 자리의 숫자끼리 빼서 쓰면 됩니다. 일반적으로 뒤에서부터 계산해야한다는 고정 관념을 깰 필요가 있습니다.

```
    5 5              5 5
  − 1 2            − 1 2
  ─────            ─────
    4    ←5-1       4 3   ←5-2
```
➡

💡 방법 ❸ (몇십)-(몇십) 또는 (몇십 몇)-(몇십) 등으로 고쳐서 계산하기

49−29에서 49와 29에 1씩 더하여 50−30으로 고쳐도 답은 달라지지 않습니다. 계산은 훨씬 쉬워집니다.

| 49 − 29 | = | 50 − 30 | = | 20 |

38−21의 경우 21을 20과 1로 나누어 38−20−1로 계산할 수 있습니다. 뿐만 아니라 38−28+7, 40−20−3 등 다양한 방법으로 계산할 수 있습니다.

38 − 21	=	38 − 20 − 1	=	18 − 1	=	17
38 − 21	=	38 − 28 + 7	=	10 + 7	=	17
38 − 21	=	40 − 20 − 3	=	20 − 3	=	17

처음에는 이 방법이 식을 바꾸느라 시간이 더 오래 걸린다고 생각할 수 있습니다. 하지만 수를 바꾸는 데 익숙해질수록 더 빨리 계산할 수 있습니다.

연습 문제

Q 앞에서 배운 방법을 활용하여 다양한 방법으로 문제를 해결해 봅시다.

❶ 80 − 40

❷ 39 − 12

❸ 27 − 13

❹ 49 − 31

❺ 88 − 25

❻ 99 − 72

❼ 76 − 23

❽ 47 − 15

❾ 은주네 집에는 책이 모두 68권이 있었습니다. 어렸을 때 읽고 이제는 읽지 않게 된 책을 정리하여, 23권의 책을 헌책방에 팔았습니다. 은주네 집에 남아있는 책은 모두 몇 권입니까?

나만의 새로운 문제와 풀이

Q 받아내림이 없는 (몇십 몇) − (몇십 몇)의 문제를 만들고 자신만의 새로운 풀이 방법을 생각해 봅시다.

3 (몇십 몇)−(몇) 계산하기

Q 계산해 보시오.

20 − 9   13 − 7   41 − 8

(몇십 몇) − (몇)을 계산하려면 먼저 (몇십) − (몇)을 계산하는 방법부터 익혀야 합니다. 이것은 10에서 몇을 빼는 뺄셈을 생각해 보면 쉽게 해결할 수 있습니다. 또한 일의 자리 수끼리 뺄셈이 가능한지 아닌지도 살펴봐야 합니다. 일반적인 해결 방법 이외에도 다양한 방법을 창의적으로 활용하여 상황에 알맞게 문제를 해결할 수 있습니다.

일반 학생의 방법

(몇십 몇) − (몇)을 세로셈으로 계산하는 방법은 다음과 같습니다.

❶ 받아내림이 없는 경우

```
    2 6              2 6              2 6
  −   3      →    −   3      →    − ↓ 3
  ─────            ─────            ─────
                       3            2 3
```

일의 자리 수끼리 빼서 일의 자리에 쓰고, 십의 자리 숫자를 그대로 내려 씁니다.

❷ 받아내림이 있는 경우

```
                     1 10             1 10
    2 0              2̸ 0              2̸ 0
  −   9      →    +   9      →    +   9
  ─────            ─────            ─────
                         1            1 1
```

일의 자리 수끼리 뺄셈을 할 수 없으므로 십의 자리에서 10을 받아내림하여 계산합니다.

공신들의 방법

방법 ❶ 10에서 몇을 빼는 계산 이용하기

$20-9$를 계산할 때 20을 $10+10$으로 나누어 $10+10-9$로 계산할 수 있습니다. 같은 방법으로 $30-7, 50-6, 30-3$를 계산해 봅시다.

$20-9$	$30-7$	$50-6$	$30-3$
$=10+10-9$	$=20+10-7$	$=40+10-6$	$=20+10-3$
$=10+1$	$=20+3$	$=40+4$	$=20+7$
$=11$	$=23$	$=44$	$=27$

위에서 규칙을 발견한 친구가 있나요?
빼어지는 수의 십의 자리 숫자보다 정답의 십의 자리 숫자가 1 작지요? 따라서 (몇십) − (몇)은 이렇게 생각할 수 있습니다.

십의 자리 숫자	빼어지는 수의 십의 자리 숫자보다 1 작은 수
일의 자리 숫자	10 − 빼는 수 (또는 빼는 수와 더해서 10이 되는 수)

방법 ❷ 빼는 수를 분해해서 뺄셈하기

$13-7$을 계산할 때 3에서 7을 뺄 수 없습니다. 3에서 뺄 수 있는 가장 큰 수는 3입니다. 그렇다면, 빼는 수인 7을 3과 4로 나누어 빼면 어떻게 될까요?

$$\boxed{13-7} = \boxed{13-3-4} = \boxed{10-4} = \boxed{6}$$

이처럼 (몇십) − (몇)으로 바꾸어 계산할 수 있습니다.

방법 ❸ 빼기 쉬운 수로 변경하기

$20-9$보다 $20-10$이 더 계산하기 쉽지요? 하지만 수를 바꾸면 계산 결과가 달라집니다. 이를 해결하기 위해서는 9대신 10을 빼고 나중에 1을 더해 주어야 합니다.

$$\boxed{20-9} = \boxed{20-10+1} = \boxed{10+1} = \boxed{11}$$

41－8도 마찬가지로 41－10으로 바꾼 뒤 2를 더하면 됩니다. 또한 40－8＋1로 고쳐서 계산할 수도 있겠지요?

$$\boxed{41-8} = \boxed{41-10+2} = \boxed{31+2} = \boxed{33}$$
$$\boxed{41-8} = \boxed{40-8+1} = \boxed{32+1} = \boxed{33}$$

방법 ❹ 일의 자리 수를 바꾸어 뺄셈하기

13－7을 계산할 때 이런 방법을 사용할 수 있습니다.

① 3－7이 아닌 7－3을 구합니다.	→ 7－3＝4
② 빼어지는 수의 십의 자리 수에서 ①의 값을 뺍니다.	→ 10－4＝6
③ 답은 6입니다.	

같은 방법으로 25－8을 계산해 볼까요?

① 5－8이 아닌 8－5를 구합니다.	→ 8－5＝3
② 빼어지는 수의 십의 자리 수에서 ①의 값을 뺍니다.	→ 20－3＝17
③ 답은 17입니다.	

세로셈과 비교해 보면 결과가 똑같다는 것을 알 수 있습니다.

```
  1 10
  2̷  5
-    8
─────
  1  7
```

이 방법은 16－3처럼 받아내림이 없는 뺄셈에서는 쓸 필요가 없겠지요? 받아내림이 있는 (몇십 몇)－(몇)을 계산할 때 사용할 수 있습니다.

 **연습 문제**

Q 앞에서 배운 방법을 활용하여 다양한 방법으로 문제를 해결해 봅시다.

❶ 44 − 3

❷ 51 − 7

❸ 83 − 9

❹ 29 − 6

❺ 36 − 7

❻ 25 − 5

❼ 42 − 8

❽ 31 − 2

❾ 버스에 모두 25명의 학생들이 타고 있었습니다. 휴게소에서 8명의 학생들이 화장실에 가기 위해 내렸다면, 버스에 그대로 남아있는 학생은 몇 명입니까?

 **나만의 새로운 문제와 풀이**

Q (몇십 몇) − (몇)의 문제를 만들고 자신만의 새로운 풀이 방법을 생각해 봅시다.

4. (몇십 몇)-(몇십 몇) 계산하기(2)

 계산해 보시오.

| 43 − 27 | 51 − 19 | 84 − 46 | 95 − 58 |

두 자리 수끼리의 뺄셈에서 빼는 수의 일의 자리 수가 빼어지는 수의 일의 자리 수보다 큰 상황입니다. 일반적으로 빼어지는 수의 십의 자리 수에서 10을 받아 내려 계산합니다. 받아내림의 개념은 매우 중요하며, 이러한 계산 방법을 빠르고 정확하게 할 수 있는 능력도 중요합니다. 하지만 뺄셈 계산을 기계적으로 한 가지 방법만을 사용하여 하는 것은 자칫 생각의 폭을 좁힐 수 있습니다. 보다 다양한 방법이 없는지 살펴보면서 창의성과 사고력을 키우는 것이 중요합니다.

일반 학생의 방법

받아내림이 있는 두 자리 수끼리의 뺄셈을 세로셈으로 계산하는 방법은 다음과 같습니다.

```
                    3 10        3 10
    4 3            4̸ 3         4̸ 3
  − 2 7    →     − 2 7    →   − 2 7
  ───────        ───────      ───────
                       6        1 6
```

일의 자리 수끼리 뺄셈을 할 수 없으므로 십의 자리에서 10을 받아내려 계산합니다.

공신들의 방법

방법 ❶ 빼는 수를 분해해서 뺄셈하기

43−27을 살펴봅시다. 일의 자리 수를 보면 3에서 7을 뺄 수 없습니다. 3에서 뺄 수 있는 가장 큰 자연수는 3이겠지요? 그렇다면 43−27을 다음과 같이 바꾸어 계산할 수 있습니다.

43 − 27	=	① 43 − 23 − 4	=	20 − 4	=	16
		② 43 − 3 − 24	=	40 − 24	=	16

이 외에도 다양한 방법으로 식을 바꾸어 뺄셈할 수 있습니다.

43 − 27	=	① 43 − 20 − 7	=	23 − 7	=	16
		② 43 − 7 − 20	=	36 − 20	=	16

방법 ❷ 빼기 쉬운 수로 변경하기

43−27이 아니라 43−30이라면 13이라고 바로 답할 수 있겠지요? 하지만 13은 43−27의 답이 아닙니다. 27대신 30을 뺐기 때문에 다시 3을 더해야 합니다. 즉, 다음과 같이 계산할 수 있습니다.

43 − 27	=	43 − 30 + 3	=	13 + 3	=	16

51−19는 어떻게 식을 고칠 수 있을까요?

51−19을 50−20으로 바꾸면 51에서는 1이 작아졌고, 1에서는 1이 커졌기 때문에 나중에 2를 더해 주어야 합니다. 이외에도 여러 가지 방법이 있습니다.

51 − 19	=	① 50 − 20 + 2	=	30 + 2	=	32
		② 51 − 20 + 1	=	31 + 1	=	32

방법 ③ 일의 자리 수를 바꾸어 뺄셈하기

60쪽에서 13-7을 계산했던 방법을 기억하나요? 그 방법을 여기서도 활용해 84-46을 계산해 봅시다.

① 4-6이 아닌 6-4를 구합니다.	→	6-4=2
② 십의 자리 수끼리의 차를 구합니다.	→	80-40=40
③ ②의 값에서 ①의 값을 뺍니다.	→	40-2=38
④ 답은 38입니다.		

세로셈과 비교해 보면 계산 결과가 같다는 것을 알 수 있습니다.

$$\begin{array}{r} {}^{7}{}^{10} \\ \cancel{8}4 \\ -\ 46 \\ \hline 38 \end{array}$$

같은 방법으로 95-58을 계산해 볼까요? 세로셈과도 비교해 봅시다.

① 8-5=3
② 90-50=40
③ 40-3=37
④ 37

$$\begin{array}{r} {}^{8}{}^{10} \\ \cancel{9}5 \\ -\ 58 \\ \hline 37 \end{array}$$

이 방법은 받아내림이 있는 (몇십 몇)-(몇십 몇)을 계산할 때 사용할 수 있겠지요? 이 외에도 다양한 방법이 가능하다는 사실을 잊지 말고 나만의 방법을 찾는 일에 도전해 봅시다.

연습 문제

Q 앞에서 배운 방법을 활용하여 다양한 방법으로 문제를 해결해 봅시다.

❶ 71 − 48

❷ 36 − 27

❸ 75 − 39

❹ 46 − 19

❺ 27 − 18

❻ 94 − 48

❼ 78 − 59

❽ 62 − 29

❾ 공신초등학교 6학년 82명의 학생들이 활쏘기 체험을 하였습니다. 각자 한 개의 화살을 과녁을 향해 쏘았습니다. 활쏘기를 모두 마치고 과녁을 맞히지 못한 화살의 개수를 세어 보니 27개였습니다. 과녁을 맞히는 데 성공한 학생들은 몇 명입니까?

나만의 새로운 문제와 풀이

Q 받아내림이 있는 (몇십 몇) − (몇십 몇)의 문제를 만들고 자신만의 새로운 풀이 방법을 생각해 봅시다.

5 세 수의 뺄셈 계산하기

Q 계산해 보시오.

29 − 5 − 9   86 − 29 − 17   91 − 23 − 22

세 수가 나타나는 계산입니다. 예를 들어 다음과 같은 상황을 생각해 볼 수 있습니다. "냉장고에 우유 6개가 있었는데, 어제 2개를 마셨고 오늘 1개를 마셨다면 남아있는 우유의 개수는 얼마입니까?" 식으로 표현한다면 6−2−1이 되겠지요? 이런 문제를 해결할 수 있는 다양한 방법을 생각해 봅시다.

일반 학생의 방법

앞에서부터 순서대로 계산하여 해결합니다.

❶ 29−5−9 계산하기

29 − 5 − 9
   24 − 9 = 15

❷ 86−29−17 계산하기

86 − 29 − 17
   57 − 17 = 40

❸ 91−23−22 계산하기

91 − 23 − 22
   68 − 22 = 46

공신들의 방법

방법 ❶ 빼는 순서를 달리하여 계산하기

29−5−9를 살펴봅시다. 29−5를 먼저 계산하면 식은 24−9가 되고, 15라는 답을 얻을 수 있습니다.

$$29 - 5 - 9 = 24 - 9 = 15$$

그런데 29에서 5보다는 9를 먼저 빼면 계산이 훨씬 쉬워집니다. 즉, 29−5가 아니라 29−9를 먼저 계산하고, 그 다음에 5를 빼어 답을 구할 수 있습니다.

$$29 - 5 - 9 = 29 - 9 - 5 = 20 - 5 = 15$$

방법 ❷ 덧셈을 이용하기

앞서 예를 든 냉장고 속 우유 이야기를 다시 생각해 봅시다.

우유 6개에서 어제 2개를 마셨고, 오늘 1개를 마셨다면 남은 우유를 구하는 식은 6−2−1입니다. 6−2−1은 6−(2+1)로 바꿀 수 있습니다. 왜냐하면 어제 마신 우유 개수와 오늘 마신 우유 개수를 더해 전체 우유 개수에서 빼면 되기 때문입니다.

$$6 - 2 - 1 = 6 - (2 + 1) = 6 - 3 = 3$$

이처럼 세 수의 뺄셈은 뒤의 두 수를 더한 다음 맨 앞의 수에서 뺄 수 있습니다. 이 방법은 언제 사용하는 게 좋을까요? 빼는 두 수를 더하기 쉽거나, 더했을 때 맨 앞의 수에서 빼기 쉬울 때 효과적이겠지요? 이 방법으로 86−29−17을 계산해 봅시다.

$$86 - 29 - 17 = 86 - (29 + 17) = 86 - 46 = 40$$

방법 ❸ 곱셈 이용하기

91 − 23 − 22처럼 빼는 두 수가 같거나 크기가 비슷할 때에는 곱셈을 이용할 수 있습니다.

〈방법 2〉를 적용해 91 − (23 + 22)로 고쳤을 때, 23과 22의 합은 22의 2배보다 1큰 수이겠지요? 따라서 식을 다음과 같이 바꿀 수 있습니다.

| 91 − 23 − 22 | = | ① | 91 − (23 + 22) | = | 91 − (22 × 2 + 1) | = | 46 |
| | = | ② | 91 − (23 + 22) | = | 91 − (23 × 2 − 1) | = | 46 |

방법 ❹ 빼기 쉬운 수로 바꾸어 뺄셈하기

빼기 쉬운 수로 바꾸어 계산하는 방법은 그동안 많이 살펴봤습니다. 86 − 29 − 17을 다양한 수로 바꾸어 계산할 수 있습니다. 이때 계산 결과가 달라지지 않도록 주의해야 합니다. 만약 29를 30으로 바꾸어 뺐다면 나중에 반드시 1을 더해야 합니다. 다음은 수를 바꾸어 계산하는 다양한 예시입니다.

86 − 29 − 17	=	①	86 − 30 − 17 + 1	=	56 − 17 + 1	=	40
	=	②	86 − 26 − 17 − 3	=	60 − 17 − 3	=	40
	=	③	86 − 30 − 20 + 4	=	86 − 50 + 4	=	40
	=	④	89 − 29 − 17 − 3	=	60 − 17 − 3	=	40
	=	⑤	87 − 30 − 17	=	87 − 17 − 30	=	40

이외에도 자신만의 새로운 방법을 생각해 봅시다.

연습 문제

Q 앞에서 배운 방법을 활용하여 다양한 방법으로 문제를 해결해 봅시다.

❶ 18 − 3 − 8

❷ 29 − 15 − 11

❸ 66 − 29 − 31

❹ 81 − 38 − 24

❺ 95 − 22 − 35

❻ 53 − 14 − 22

❼ 70 − 5 − 49

❽ 31 − 17 − 13

❾ 은주는 학교에서 배운 내용을 복습하기 위해 수학 교과서에서 중요한 문제들을 28가지 선택하였습니다. 어제는 11문제, 오늘은 8문제를 다시 풀어보았고, 남은 문제는 내일 복습하기로 하였습니다. 은주가 내일 풀게 될 문제는 모두 몇 문제입니까?

나만의 새로운 문제와 풀이

Q 세 수의 뺄셈 문제를 만들고 자신만의 새로운 풀이 방법을 생각해 봅시다.

6 10, 100, 1000에서 뺄셈하기

> **Q 계산해 보시오.**
>
> 10 − 3   100 − 27   1000 − 64   1000 − 438
>
> 10, 100, 1000에서 어떤 수를 빼는 계산입니다. 1000원, 10000원 등 지폐로 계산을 하고 거스름돈을 계산하는 경우 등 생활 속에서 자주 쓰이는 계산입니다. 일반적인 계산 방법과 더불어 좀 더 쉽게 계산할 수 있는 방법에 대해 살펴봅시다.

일반 학생의 방법

10, 100, 1000,… 에서 수를 뺄 때는 0에서 몇을 뺄 수 없으므로 윗자리에서 받아내림하여 계산합니다.

❶ 10−3 계산하기

```
    1 0        0 10
              ⟍ 
  −   3   →  − 1 0
                3
  ─────       ─────
                7
```

일의 자리 수 0에서 3을 뺄 수 없으므로 십의 자리에서 10을 받아내림하여 계산합니다.

❷ 100−27 계산하기

```
                   0 9 10            0 9 10
    1 0 0        ⟍1 0 0           ⟍1 0 0
  −   2 7   →  −    2 7     →   −    2 7
  ───────       ───────            ───────
                       3              7 3
```

① 일의 자리 수 0에서 7을 뺄 수 없으므로 십의 자리에서 받아내림합니다.
② 십의 자리 수 0에서 받아내림할 수 없으므로 백의 자리에서 받아내림하여 계산합니다.

공신들의 방법

💡 방법 ❶ 규칙을 찾아 계산하기

10에서 어떤 수를 빼는 계산의 규칙은 무엇일까요? 뺄셈과 덧셈 사이의 관계를 생각해보면 쉽게 알 수 있습니다.

10 − 3 = 7	10 − 5 = 5	10 − 6 = 4	10 − 8 = 2
3 + 7 = 10	5 + 5 = 10	6 + 4 = 10	8 + 2 = 10

뺄셈에서 빼는 수 3과 두 수의 차인 7을 더하면 10이 됩니다. 즉, 10에서 어떤 수를 뺀다는 것은 그 빼는 수와 합하여 10이 되는 수를 구하는 것입니다.

💡 방법 ❷ 빼기 쉬운 수로 고쳐서 계산하기

100−27에서 20을 먼저 뺀 뒤 7을 빼면 계산이 쉬워집니다. 이처럼 빼는 수를 빼기 쉬운 수로 바꾸어 계산할 수 있습니다. 또한, 100에서 27대신 30을 빼고, 나중에 3을 더해도 됩니다.

100 − 27	=	① 100 − 20 − 7	=	80 − 7	=	73
	=	② 100 − 30 + 3	=	70 + 3	=	73

같은 방법으로 1000−64을 계산해 봅시다.

1000 − 64	=	① 1000 − 60 − 4	=	940 − 4	=	936
	=	② 1000 − 70 + 6	=	930 + 6	=	936

같은 방법으로 1000−438을 계산해 봅시다.

1000 − 438	=	① 1000 − 400 − 38	=	600 − 38	=	562
	=	② 1000 − 430 − 8	=	570 − 8	=	562
	=	③ 1000 − 440 + 2	=	560 + 2	=	562

방법 ③ 각 자리의 수를 나누어 생각해 보기

1000 − 438을 계산할 때 각 자리의 수를 나누어 생각해 봅시다. 일의 자리 수 0에서 8을 뺄 수 없기 때문에 십의 자리에서 10을 받아내려 뺄셈을 합니다. 그렇다면 1000에서 10을 가져오면 얼마가 남을까요? 990이 남겠지요? 따라서 1000 − 438은 다음과 같이 생각할 수 있습니다.

1000 − 438	①	10 − 8	← 일의 자리의 계산은 10에서 빼기
	②	990 − 430	← 십, 백의 자리의 계산은 9에서 빼기

이것을 정리해보면 1000 − 438의 계산은 다음과 같이 정리할 수 있습니다.

1000 − 438	①	백의 자리	9 − 4 = 5	➡	562
	②	십의 자리	9 − 3 = 6	➡	
	③	일의 자리	10 − 8 = 2	➡	

같은 방법으로 1000 − 526를 계산해 봅시다.

1000 − 526	①	백의 자리	9 − 5 = 4	➡	474
	②	십의 자리	9 − 2 = 7	➡	
	③	일의 자리	10 − 6 = 4	➡	

1000 − 64도 마찬가지로 생각할 수 있습니다. 이때 백의 자리에서 빼는 수는 0이 되겠지요?

1000 − 64	①	백의 자리	9 − 0 = 9	➡	936
	②	십의 자리	9 − 6 = 3	➡	
	③	일의 자리	10 − 4 = 6	➡	

이 방법을 활용하면 뺄셈을 세로셈으로 계산할 필요도 없고, 일의 자리부터 계산하지 않고 백의 자리부터 계산할 수 있습니다.

연습 문제

Q 앞에서 배운 방법을 활용하여 다양한 방법으로 문제를 해결해 봅시다.

❶ 10 − 8

❷ 100 − 7

❸ 100 − 48

❹ 100 − 83

❺ 1000 − 6

❻ 1000 − 25

❼ 1000 − 423

❽ 1000 − 595

❾ 1000 − 738

❿ 1000 − 917

나만의 새로운 문제와 풀이

Q 10, 100, 1000에서 어떤 수를 빼는 문제를 만들고 자신만의 새로운 풀이 방법을 생각해 봅시다.

7. (세 자리 수) − (두 자리 수) 계산하기

Q 계산해 보시오.

| 123 − 47 | 188 − 59 | 486 − 38 | 922 − 75 |

(세 자리 수) − (두 자리 수)의 계산입니다. (두 자리 수) − (한 자리 수) 또는 (두 자리 수) − (두 자리 수)를 배우면서 받아내림이 있는 뺄셈을 익히고, 그 방법을 적용하여 (세 자리 수) − (두 자리 수)도 계산할 수 있습니다. 한 가지 방법을 정확하게 이해하고 적용하는 것도 훌륭하지만, 수학적 사고력을 기르기 위해서는 같은 문제라도 다양한 해결 방법을 생각해 보는 것이 중요합니다.

일반 학생의 방법

(세 자리 수) − (두 자리 수)를 세로셈으로 계산하는 방법은 다음과 같습니다.

❶ 받아내림이 없는 경우

```
   1 2 3        1 2 3        1 2 3        1 2 3
 −   1 2  →  −   1 2  →  −   1 2  →  − ↓ 1 2
   ─────        ─────        ─────        ─────
                    1            1 1        1 1 1
```

일의 자리부터 각 자리의 숫자끼리 빼서 씁니다.

❷ 받아내림이 없는 경우

```
                        1 10        0 11 10
   1 2 3        1 2̸ 3        1̸ 2̸ 3
 −   4 7  →  −   4 7  →  −   4 7
   ─────        ─────        ─────
                      6          7 6
```

일의 자리부터 각 자리의 숫자끼리 빼서 쓰고, 만약 뺄셈을 할 수 없으면 윗자리에서 받아내림하여 계산합니다.

방법 ① 세 수의 뺄셈으로 바꾸어 계산하기

123−47을 세 수의 뺄셈으로 바꾸어 계산할 수 있습니다. 47을 23과 24로 나누어 빼면 123−23−24가 되고, 결국 100−24로 계산할 수 있습니다. 100−(몇)의 계산은 72쪽 〈방법 3〉을 활용하면 됩니다.
① 십의 자리는 9−2로,
② 일의 자리는 10−4로 계산할 수 있겠지요?
76이라는 답을 구할 수 있습니다.

방법 ② 가로셈으로 계산하기

188−59에서 일의 자리를 보면 8보다 9가 크기 때문에 십의 자리에서 10을 받아내림해야 합니다. 이것을 다음과 같이 정리할 수 있습니다.

188 − 59	① 18 − 9 = 9 ② 170 − 50 = 120	129

따라서 일의 자리에서 받아내림이 있으면 다음과 같이 계산할 수 있습니다.

> ① 빼어지는 수의 십의 자리에서 10을 빼서 백과 십의 자리의 뺄셈을 한다.
> ② 빼어지는 수의 일의 자리 수에 10을 더하여 일의 자리의 뺄셈을 한다.

같은 방법으로 486−38을 가로셈으로 계산해 봅시다.

> ① 빼어지는 수의 십의 자리에서 10을 빼서 백과 십의 자리의 뺄셈을 한다.
>   → 470 − 30 = 440
> ② 빼어지는 수의 일의 자리 수에 10을 더하여 일의 자리의 뺄셈을 한다.
>   → 16 − 8 = 8
> ③ 답은 448이 된다.

이 방법으로 뺄셈을 앞에서부터 계산할 수 있습니다.

💡방법 ③ 100-(두 자리 수)로 고쳐서 계산하기

빼어지는 수를 100과 나머지 수로 구분하여, 100 − (두 자리 수)의 계산을 한 뒤 나머지 수를 더하여 답을 구할 수 있습니다.

| 188 − 59 | = | 100 − 59 + 88 | = | 41 + 88 | = | 129 |
| 486 − 38 | = | 100 − 38 + 386 | = | 62 + 386 | = | 448 |

💡방법 ④ 계산하기 쉬운 식으로 바꾸기

486−38보다 488−38의 계산이 더 쉽겠지요? 일의 자리 수가 똑같기 때문입니다. 계산 결과가 달라지지 않으려면 마지막에 2를 빼는 것을 잊지 말아야 합니다. 같은 방법으로 188−59와 922−75도 계산해 봅시다.

486 − 38	=	488 − 38 − 2	=	450 − 2	=	448
188 − 59	=	189 − 59 − 1	=	130 − 1	=	129
922 − 75	=	925 − 75 − 3	=	850 − 3	=	847

일의 자리 수를 0으로 바꾸는 방법으로 계산해 봅시다.

486 − 38	=	486 − 40 + 2	=	446 + 2	=	448
188 − 59	=	188 − 60 + 1	=	128 + 1	=	129
922 − 75	=	922 − 70 − 5	=	852 − 5	=	847

연습 문제

Q 앞에서 배운 방법을 활용하여 다양한 방법으로 문제를 해결해 봅시다.

❶ 486 − 29

❷ 524 − 19

❸ 381 − 36

❹ 686 − 88

❺ 425 − 87

❻ 518 − 39

❼ 492 − 85

❽ 583 − 46

❾ 222 − 47

❿ 318 − 99

⓫ 은주는 건강 관리를 위해 수영을 배웠습니다. 작년에 수영을 하러 수영장에 나간 날 수가 98일이었습니다. 작년에 은주가 수영을 하러 수영장에 가지 않은 날은 몇 일입니까?(일년은 365일로 계산합니다)

나만의 새로운 문제와 풀이

Q (세 자리 수) − (두 자리 수)의 문제를 만들고 자신만의 새로운 풀이 방법을 생각해 봅시다.

8 (세 자리 수) − (세 자리 수) 계산하기

Q 계산해 보시오.

453 − 247   545 − 267   603 − 345   500 − 243

(세 자리 수) − (세 자리 수)의 계산입니다. 앞에서 살펴본 (세 자리 수) − (두 자리 수)의 계산과 마찬가지로, 받아내림을 통해 계산할 수 있습니다. 일의 자리부터 계산하지 않고 앞에서부터 계산할 수는 없을까요? 세로셈으로 문제를 풀 때 일반적인 방법 이외의 방법은 없을까요? 일반적인 풀이 방법을 살펴보고, 좀 더 다양하게 문제를 해결할 수 있는 방법을 살펴보며 사고의 폭을 넓혀 봅시다.

(세 자리 수) − (세 자리 수)를 세로셈으로 계산하는 방법은 다음과 같습니다.

$$\begin{array}{r} 453 \\ -247 \\ \hline \end{array} \rightarrow \begin{array}{r} 4\overset{4\ 10}{\cancel{5}}3 \\ -247 \\ \hline 6 \end{array}$$

$$\rightarrow \begin{array}{r} 4\overset{4\ 10}{\cancel{5}}3 \\ -247 \\ \hline 06 \end{array} \rightarrow \begin{array}{r} 4\overset{4\ 10}{\cancel{5}}3 \\ -247 \\ \hline 206 \end{array}$$

일의 자리부터 같은 자리의 숫자끼리 뺍니다. 이때 같은 자리의 숫자끼리 뺄 수 없으면 바로 윗자리에서 받아내려 계산합니다.

방법 ① 앞에서부터 세로셈하기

세로셈은 보통 일의 자리에서부터 계산하지만, 앞에서부터 계산할 수도 있습니다.

453−247을 계산해 봅시다. 1단계에서는 각 자리의 숫자끼리 빼고, 3−7과 같은 경우에는 13−7로 계산합니다. 2단계에서는 1단계의 결과에서 10을 빌려준 자리에서 1씩 빼줍니다. 그 결과로 답을 구할 수 있습니다.

	4	5	3
−	2	4	7
	4−2	5−4	13−7
	2	1	6
		1−1	
	2	0	6
	2	0	6

← ① 각 자리의 숫자끼리 뺄셈하되, 일의 자리는 13−7로 계산합니다.

← ② 일의 자리로 10을 받아내림했기 때문에 십의 자리 숫자에서 1을 뺍니다.

← ③ 답을 구합니다.

이번에는 같은 방법으로 545−267의 계산을 해 봅시다.

	5	4	5
−	2	6	7
	5−2	14−6	15−7
	3	8	8
	3−1	8−1	
−	2	7	8
	2	7	8

← ① 각 자리의 숫자끼리 뺄셈하되, 일의 자리, 십의 자리는 각각 14, 15에서 뺄셈합니다.

← ② 백의 자리, 십의 자리 숫자에서 각각 1씩 뺍니다.

← ③ 답을 구합니다.

이 방법의 장점은 계산을 앞에서부터 할 수 있다는 점이고, 원리는 일의 자리에서부터 계산하는 받아내림이 있는 뺄셈과 같습니다.

방법 ② 가로셈에서 계산하기 쉽게 식을 변형하기

가로셈으로 뺄셈할 때 다양한 방법으로 식을 바꿀 수 있습니다. 문제에 따라 알맞은 방법을 선택하면 됩니다.

다음은 453−247과 603−345를 계산하는 여러 가지 방법입니다.

	=	①	457 − 247 − 4	=	210 − 4	=	206
	=	②	453 − 243 − 4	=	210 − 4	=	206
453 − 247	=	③	453 − 250 + 3	=	203 + 3	=	206
	=	④	450 − 250 + 3 + 3	=	200 + 6	=	206
	=	⑤	453 − 253 + 6	=	200 + 6	=	206

	=	①	600 − 345 + 3	=	255 + 3	=	258
	=	②	605 − 345 − 2	=	260 − 2	=	258
603 − 345	=	③	603 − 303 − 42	=	300 − 42	=	258
	=	④	595 − 345 + 8	=	250 + 8	=	258

방법 ❸ (몇백)−(세 자리 수)의 규칙 찾기

(몇백)−(세 자리 수)의 계산을 먼저 세로셈으로 해 봅시다.

```
  4 9 10           7 9 10
  5̸ 0̸ 0            8̸ 0̸ 0
−   2 4 3        −   3 2 6
─────────        ─────────
    2 5 7            4 7 4
```

위의 해결 과정을 보면 500−243의 경우 500을 490과 10으로 나누어, 10에서 3을 빼주고, 490에서 240을 빼어 계산한 것을 알 수 있습니다.
800−326도 800을 790과 10으로 나누어 10에서 6을 빼고, 790에서 320을 빼어 계산한 것입니다. 이것을 정리하면 다음과 같습니다.

①	백의 자리	➡	1을 뺀 뒤에 빼기
②	십의 자리	➡	9에서 빼기
③	일의 자리	➡	10에서 빼기

이제 이 방법을 적용하여 700-482를 계산해 봅시다.

700 - 482	①	백의 자리	7 - 1 - 4 = 2	➡	218
	②	십의 자리	9 - 8 = 1		
	③	일의 자리	10 - 2 = 8		

이제 (몇백) - (세 자리 수)의 계산은 가로셈으로 바로 할 수 있겠지요? 이처럼 세로셈의 계산 원리를 살펴보고, 규칙을 찾아 적용하면 보다 쉽고 빠르게 계산할 수 있습니다.

연습 문제

Q 앞에서 배운 방법을 활용하여 다양한 방법으로 문제를 해결해 봅시다.

❶ 582 − 197

❷ 492 − 178

❸ 367 − 189

❹ 888 − 694

❺ 236 − 128

❻ 677 − 388

❼ 716 − 529

❽ 934 − 256

❾ 900 − 592

❿ 600 − 528

⓫ 공신초등학교 전교생은 862명입니다. 운동장 크기가 충분하지 않아 운동회를 1, 3, 5학년이 오전에, 2, 4, 6학년이 오후에 실시하기로 하였습니다. 오전에 운동회에 참여한 학생들이 428명이라면, 오후에 운동회에 참여하게 될 2, 4, 6학년 학생들은 모두 몇 명입니까?

 **나만의 새로운 문제와 풀이**

Q (세 자리 수) − (세 자리 수)의 문제를 만들고 자신만의 새로운 풀이 방법을 생각해 봅시다.

멘사 퍼즐

멘사는 표준화된 지능 검사를 실시해 지능 지수가 상위 2%에 드는 사람들이 가입할 수 있는 국제적인 단체입니다. 멘사는 라틴어로 '둥근 탁자'란 뜻으로, 위대한 마음을 가진 사람들이 한 달에 한 번씩 탁자에 모여 모임을 갖는다는 의미입니다. 멘사 코리아에서는 만 19세 이상인 한국인을 대상으로 회원을 모집하고 있으니, 여러분들도 어른이 되면 도전해 보면 어떨까요? 여기서는 멘사 퍼즐 한 가지를 소개하고자 합니다.

주어진 표의 세로줄 사이에는 어떤 관계가 있습니다.
관계를 찾아 빈 칸에 알맞은 수를 써 넣어 보세요.

A줄	B줄	C줄	D줄	E줄
9	3	6	7	9
8	3	5	6	8
7	3	4		
7	6	1	2	
	5	1	2	6

A줄과 B줄, C줄을 먼저 살펴봅시다.
A=B+C의 관계를 생각해볼 수 있겠지요?
그럼 A줄 맨 아래의 수는 6이 됩니다.
C줄과 D줄은 어떤 관계에 있을까요?
D=C+1로 생각할 수 있겠지요?
따라서 D줄의 빈 칸에 들어갈 수는 5입니다.
마지막으로 A줄과 E줄을 비교해보면
A=E 인 관계를 찾을 수 있으므로,
E줄의 빈 칸에는 모두 7이 들어가게 됩니다.

이번에는 여러분들이 위와 비슷한 문제를 직접 만들어 보면 어떨까요? 내가 만든 문제를 가족들, 친구들에게 제시하고 그들의 풀이 방법을 살펴보는 것도 훌륭한 공부가 될 것입니다.

A줄	B줄	C줄	D줄	E줄

❶ 각 세로줄 사이의 규칙을 정해 봅시다.
❷ 힌트가 될 수 있도록 규칙에 알맞게 수를 채워 봅시다.
❸ 빈칸은 한 줄에 너무 많이 만들지 말고, 3~4개 정도의 칸을 비워 문제를 완성해 봅시다.
❹ 가족이나 친구들에게 내가 만든 문제를 소개하고 풀어 보도록 해 봅시다.

9. 뺄셈식에서 □의 값 구하기

Q 계산해 보시오.

7 − □ = 3   □ − 2 = 5   □ − 8 = 15

□가 있는 뺄셈식에서 □에 알맞은 수를 구하는 문제입니다. 지금까지는 8−2=□와 같이, 빼어지는 수와 빼는 수를 제시하고 뺄셈하는 문제를 살펴봤습니다. 이번에는 계산 결과를 알려 주고 빼어지는 수 또는 빼는 수를 구하는 문제입니다. 뺄셈과 덧셈의 관계를 □안에 알맞은 수를 구하는 방법을 살펴보고, 적절한 풀이 방법을 탐구해 봅시다.

일반 학생의 방법

❶ 다양한 수 넣어보기

7−□=3의 문제를 해결하기 위해 □안에 1부터 차례대로 수를 넣어보고 결과를 살펴봅니다.

□에 1을 넣으면	7 − 1 = 6	→ □는 1이 아니다.
□에 2를 넣으면	7 − 2 = 5	→ □는 2가 아니다.
□에 3을 넣으면	7 − 3 = 4	→ □는 3이 아니다.
□에 4를 넣으면	7 − 4 = 3	→ □는 4이다.

❷ 수직선 이용하기

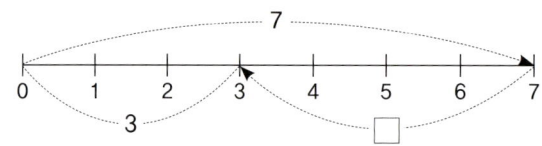

7에서 3이 되려면 왼쪽으로 4칸을 더 가야하므로 □는 4입니다.

방법 ❶ 뺄셈과 덧셈의 관계를 이용하여 문제 해결하기

다음 표를 살펴보며 뺄셈과 덧셈의 관계를 살펴봅시다.

5 − 2 = 3	➡	5 = 3 + 2
8 − 4 = 4	➡	8 = 4 + 4
9 − 3 = 6	➡	9 = 6 + 3
14 − 9 = 5	➡	14 = 5 + 9

5−2=3에서 빼어지는 수 5는 두 수의 차인 3과 빼는 수 2의 합입니다. 식으로 표현하면 5=3+2입니다.

이 덧셈과 뺄셈의 관계를 이용해 7−□=3에서 □의 값을 구해봅시다.

7−□=3에서 빼어지는 수 7은 3과 두 수의 차인 □의 합이므로 7=3+□으로 나타낼 수 있습니다. 3에 더하여 7이 되는 수는 4이므로 □=4입니다.

$$7 - \square = 3 \Rightarrow 7 = 3 + \square \Rightarrow \square = 4$$

같은 방법으로 □−2=5에서 □의 값을 구해 봅시다.

빼어지는 수 □는 빼는 수 2와 두 수의 차인 5의 합이므로 □=5+2로 나타낼 수 있습니다.

$$\square - 2 = 5 \Rightarrow \square = 5 + 2 \Rightarrow \square = 7$$

□−8=15에서 □의 값을 구하면 다음과 같습니다.

$$\square - 8 = 15 \Rightarrow \square = 8 + 15 \Rightarrow \square = 23$$

방법 ❷ 수 예측하기

7−□=3에서 □가 5라고 예측해 봅시다. 7−5=2이므로 정답이 아닙니다. 하지만 계산 결과인 2가 3보다 1 작은 수이므로 □는 5보다 1 작은 4라는 것

을 알 수 있습니다.

마찬가지로 □-2=5에서 □가 8이라고 예측해 봅시다.

8-2=6이므로 정답은 아니지만, 계산 결과인 6은 5보다 1 큰 수입니다. 따라서 □는 8보다 1작은 7이라는 것을 알 수 있습니다.

□-8=15에서 □를 20이라고 예측해 보면 20-8=12가 나옵니다. 12는 15보다 3작은 수이므로 □은 20보다 3 큰 23이라는 것을 알 수 있습니다.

연습 문제

Q 앞에서 배운 방법을 활용하여 다양한 방법으로 문제를 해결해 봅시다.

① □ − 5 = 7

② □ − 8 = 11

③ □ − 23 = 59

④ □ − 82 = 19

⑤ 9 − □ = 2

⑥ 17 − □ = 6

⑦ 36 − □ = 19

⑧ 128 − □ = 89

나만의 새로운 문제와 풀이

Q □가 들어있는 뺄셈 문제를 만들고 자신만의 새로운 풀이 방법을 생각해 봅시다.

곱셈

❶ (몇)×(몇) 계산하기
❷ (몇십 몇)×(몇) 계산하기
❸ (몇백 몇십 몇)×(몇) 계산하기
❹ (몇십)×(몇십) 계산하기
❺ (몇십 몇)×(몇십 몇) 계산하기
❻ 세 수의 곱셈 계산하기
❼ 곱셈식에서 □의 값 구하기

1 (몇) × (몇) 계산하기

> **Q 계산해 보시오.**
>
> 2×3   7×4   4×8

(한 자리 수)×(한 자리 수)는 '곱셈구구'라고도 하고 '구구단'이라고 합니다. 곱셈구구는 곱셈의 기초가 됩니다. 2학년 때 곱셈의 개념을 배우기 시작하면서 가장 먼저 곱셈의 뜻을 익힙니다.

곱셈은 덧셈이다. 예 7×5는 7을 5번 더하라는 것입니다.

곱셈은 덧셈을 줄인 것입니다. 덧셈식 7+7+7+7+7을 곱셈식으로 나타내면 7×5입니다. 앞의 7은 더하는 수이고, 뒤의 5는 더하는 횟수입니다.

일반 학생의 방법

(몇)×(몇)은 여러 가지 방법으로 계산할 수 있습니다.

❶ 그림을 그려 해결하기

 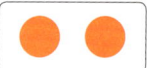 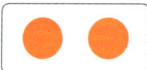

2×3은 2씩 3묶음이므로 6입니다.

❷ 수직선으로 해결하기

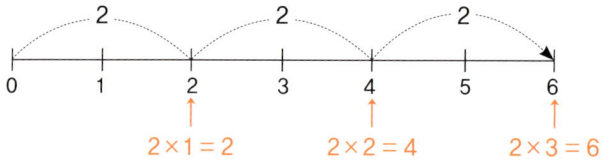

2×3은 2씩 3번 뛰어센 것이므로 6입니다.

❸ 곱셈구구로 해결하기

한 자리 수끼리의 곱셈은 곱셈구구로 해결합니다. 2의 단에서 2×3=6입니다.

방법 ❶ 규칙을 생각하여 곱셈구구 외우기

(몇)×(몇)의 계산은 보통 곱셈구구를 외워서 해결합니다. 곱셈구구는 1에서 9까지의 각 수를 두 수끼리 곱한 값을 나타낸 것으로, 2×3=6입니다.

$$2 \times 3 = 6$$

곱셈구구는 일정한 규칙을 찾으면 쉽게 외울 수 있습니다. 두 수를 곱한 결과를 정리한 곱셈 구구표를 살펴봅시다.

×	1	2	3	4	5	6	7	8	9
1	1	2	3	4	5	6	7	8	9
2	2	4	6	8	10	12	14	16	18
3	3	6	9	12	15	18	21	24	27
4	4	8	12	16	20	24	28	32	36
5	5	10	15	20	25	30	35	40	45
6	6	12	18	24	30	36	42	48	54
7	7	14	21	28	35	42	49	56	63
8	8	16	24	32	40	48	56	64	72
9	9	18	27	36	45	54	63	72	81

〈5의 단 규칙〉 일의 자리 숫자가 5, 0으로 되풀이됩니다. 5에 곱하는 수가 짝수일 때는 0, 홀수일 때는 5가 나옵니다.

〈2, 4, 6, 8의 단 규칙〉 2의 단 일의 자리 숫자는 0, 2, 4, 6, 8이 되풀이되고, 4의 단 일의 자리 숫자는 4, 8, 2, 6, 0이 되풀이 됩니다. 6의 단 일의 자리 숫자는 6, 2, 8, 4, 0이 되풀이되고, 8의 단 일의 자리 숫자는 8, 6, 4, 2, 0이 되풀이 됩니다. 이처럼 짝수의 곱셈구구는 짝수가 일정한 규칙으로 반복됩니다.

〈3, 9의 단 규칙〉 3의 단은 3, 6, 9만 기억하면 됩니다. 3, 6, 9 다음에 오는 12, 15, 18에서 각 자리의 숫자를 더하면 1+2=3, 1+5=6, 1+8=9로 다시

3, 6, 9가 나옵니다. 그 다음에 오는 21, 24, 27도 각 자리의 숫자를 더하면 2+1=3, 2+4=6, 2+7=9로 3, 6, 9가 나옵니다. 즉, 3, 6, 9만 기억하면 3의 단은 쉽게 외울 수 있습니다.

9의 단에서 9, 18, 27, …의 각 자리의 숫자를 더하면 0+9=9, 1+8=9, 2+7=9로 모두 9가 나옵니다. 9, 18, 27, …로 이어지는 수에서 십의 자리 숫자는 1, 2, 3…으로 1씩 커지고, 일의 자리 숫자는 9, 7, 6…로 1씩 작아지기 때문입니다.

7의 단은 1부터 9까지 모든 숫자가 불규칙적으로 일의 자리에 오기 때문에 상대적으로 외우기 어렵습니다.

방법 ❷ 덧셈을 이용하여 계산하기

7×4의 경우, 7을 4번 더하라는 뜻으로, 7+7+7+7로 계산할 수 있습니다. 한 자리 수 곱셈은 대부분 외워서 풀기 때문에 현실적으로는 굳이 곱셈을 덧셈으로 바꾸어 계산하지 않습니다. 하지만 곱셈을 덧셈으로 바꾸어서 계산할 수 있다는 것은 알고 있어야 합니다.

방법 ❸ 순서를 바꾸어 계산하기

곱셈은 순서를 바꾸어도 계산 결과가 달라지지 않습니다. 따라서 4×8은 8×4로 바꾸어서 계산할 수 있습니다.

$$4 \times 8 = 8 \times 4 = 32$$

 **연습 문제**

Q 앞에서 배운 방법을 활용하여 다양한 방법으로 문제를 해결해 봅시다.

❶ 7×3

❷ 9×8

❸ 8×5

❹ 6×6

❺ 2×9

❻ 5×7

 **나만의 새로운 문제와 풀이**

Q (몇)×(몇)의 문제를 만들고 자신만의 새로운 풀이 방법을 생각해 봅시다.

2 (몇십 몇)×(몇) 계산하기

Q 계산해 보시오.

43×2　　　27×3　　　86×7

(한 자리 수)×(한 자리 수)를 배울 때는 같은 수를 계속 더하는 활동으로 곱셈의 뜻을 익힌 뒤에 곱셈구구를 외웁니다. 그리고 나서 (두 자리 수)×(한 자리 수)를 배웁니다. 예를 들면 연필 12개가 들어 있는 상자가 3 상자 있을 때 연필의 총 개수를 구하는 상황 등이 있습니다.

일반 학생의 방법

(몇십 몇)×(몇)을 세로셈으로 계산하는 방법은 다음과 같습니다.

❶ 올림이 없는 경우

```
   4 3         4 3         4 3
 ×   2   →   ×   2   →   ×   2
 ─────       ─────       ─────
                 6         8 6
```

① 3×2를 계산하여 일의 자리에 씁니다.
② 4×2를 계산하여 십의 자리에 씁니다.

❷ 올림이 있는 경우

```
                 2           2
   2 7         2 7         2 7
 ×   3   →   ×   3   →   ×   3
 ─────       ─────       ─────
                 1         8 1
```

① 7×3=21에서 2는 십의 자리 위쪽에 작게 쓰고, 1은 일의 자리에 씁니다.
② 2×3=6에서 위쪽에 올림한 2를 더해 6+2=8을 십의 자리에 씁니다.

공신들의 방법

방법 ❶ 덧셈을 이용해서 계산하기

43×2는 덧셈으로 바꾸어 계산할 수 있습니다. 43을 2번 더한다는 뜻이므로 43+43으로 바꾸어 계산합니다.

$$43 \times 2 = 43 + 43 = 86$$

곱하는 수가 2나 3처럼 간단한 수일 때는 곱셈을 덧셈으로 바꾸어서 머릿셈으로 계산합니다.

방법 ❷ 앞에서부터 계산하기

보통 세로셈은 일의 자리부터 계산합니다. 하지만 십의 자리, 즉 앞에서부터 계산할 수도 있습니다. 27×3에서 십의 자리인 2와 3을 먼저 곱합니다. 이때 2는 실제로 20이므로 3과 곱하면 20×3=60이 됩니다. 그 다음 일의 자리 수끼리 곱한 7×3=21을 씁니다. 마지막에 두 수를 더하면 60+21=81이 됩니다.

```
    2 7
  ×   3
  ─────
    6 0   ← 20×3
    2 1   ← 7×3
  ─────
    8 1
```

방법 ❸ 몇십으로 바꾸어 계산하기

79×7에서 79를 80으로 바꾸면 계산이 훨씬 쉽습니다. 79×7에서 79 대신 80을 7번 더하고, 나중에 7을 1번 뺀다고 생각하면 됩니다.

$$79 \times 7 = 80 \times 7 - 7 \times 1 = 560 - 7 = 553$$

또는 79×7에서 79를 70으로 바꿀 수도 있습니다. 79를 70으로 바꾼 다음 9를 7번 더한 값을 더하면 됩니다.

방법 ④ 격자 곱셈법으로 계산하기

보통 곱셈은 세로셈이나 가로셈으로 계산하지만, 인도에서는 예전부터 '격자 곱셈법'이 전해져 오고 있습니다. 이것은 곱셈구구만 외우면 두 자리 수 이상의 곱셈을 쉽게 풀 수 있는 방법입니다. 86×7을 격자 곱셈법으로 계산해 봅시다.

① 격자를 만들고 위쪽에는 곱해지는 수 86을, 오른쪽에는 곱하는 수 7을 씁니다. 그 다음 위쪽과 오른쪽의 수를 곱한 8×7과 6×7을 계산하여 격자 안에 써넣습니다.

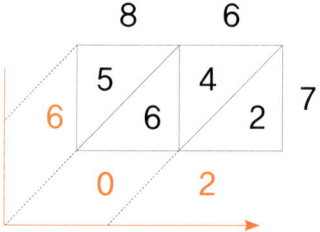

② 격자 바깥으로 대각선을 연장한 다음 대각선끼리의 수를 더합니다. 받아올림이 있는 경우는 왼쪽으로 올려줍니다.

가장 오른쪽은 2, 가운데는 4+6=10이므로 0을 쓰고 왼쪽으로 1을 받아올림합니다. 가장 왼쪽은 5에 받아올림한 1을 더해 6이 됩니다. 이제 화살표 방향으로 읽으면 602가 되는데, 바로 86×7을 계산한 결과입니다.

연습 문제

Q 앞에서 배운 방법을 활용하여 다양한 방법으로 문제를 해결해 봅시다.

❶ 21 × 3

❷ 52 × 7

❸ 49 × 3

❹ 78 × 6

❺ 83 × 9

❻ 38 × 8

❼ 24 × 4를 격자 곱셈법으로 계산하시오.

❽ 95 × 7를 격자 곱셈법으로 계산하시오.

나만의 새로운 문제와 풀이

Q (몇십 몇) × (몇)의 문제를 만들고 자신만의 새로운 풀이 방법을 생각해 봅시다.

3 (몇백 몇십 몇) × (몇) 계산하기

> **Q 계산해 보시오.**
>
> 248 × 2   257 × 3   486 × 7

(두 자리 수)×(한 자리 수)와 (세 자리 수)×(한 자리 수)는 같은 방법으로 계산합니다. 보통 세로셈으로 계산할 때 일의 자리부터 십의 자리, 백의 자리 순서로 계산합니다. 한 가지 방법만 고집하지 말고, 자신만의 새로운 방법을 생각해 봅시다.

(몇백 몇십 몇)×(몇)을 세로셈으로 계산하는 방법은 다음과 같습니다.

❶ 올림이 없는 경우

```
    1 2 2        1 2 2        1 2 2        1 2 2
  ×     3  →   ×     3  →   ×     3  →   ×     3
  ─────────    ─────────    ─────────    ─────────
                      6          6 6        3 6 6
```

일의 자리, 십의 자리, 백의 자리의 순서로 곱을 구합니다.

❷ 올림이 있는 경우

```
                      1            1
    2 4 8        2 4 8        2 4 8        2 4 8
  ×     2  →   ×     2  →   ×     2  →   ×     2
  ─────────    ─────────    ─────────    ─────────
                      6          9 6        4 9 6
```

① 일의 자리, 십의 자리, 백의 자리 순서로 곱을 구합니다.
② 각 자리의 곱이 10보다 크거나 같으면 윗 자리에 올림한 수를 작게 쓰고, 윗자리의 곱에 더합니다.

공신들의 방법

방법 ❶ 앞에서부터 계산하기

(세 자리 수)×(한 자리 수)는 백의 자리, 즉 앞에서부터 계산할 수 있습니다. 248×2를 앞에서부터 계산해 봅시다.

```
      2 4 8
  ×       2
  ─────────
      4 0 0    ← 200×2
        8 0    ← 40×2
        1 6    ← 8×2
  ─────────
      4 9 6
```

이렇게 앞에서부터 계산하면 세 수의 덧셈이 되므로 앞에 두 수를 먼저 더하고, 나머지 수를 더해도 됩니다. 즉, 400+80=480을 계산한 다음 480+16=496으로 계산할 수 있습니다.

방법 ❷ 격자 곱셈법으로 계산하기

격자 곱셈법은 곱하거나 곱해지는 수가 클수록 유용합니다. 구구단만 외우면 간단하게 답을 구할 수 있기 때문입니다. 257×3을 격자 곱셈법으로 계산해 봅시다.

① 격자를 만들고, 위쪽에는 곱해지는 수 257을, 오른쪽에는 곱하는 수 3을 씁니다..

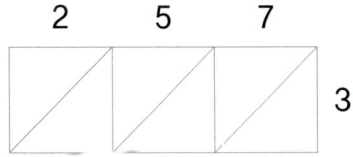

② 위쪽과 오른쪽의 수를 곱한 2×3, 5×3, 7×3을 계산하여 격자 안에 써넣습니다.

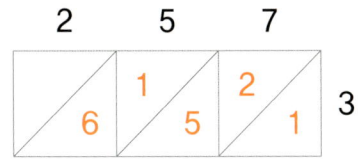

③ 대각선을 연장하고 각 자리에 맞춰 대각선끼리의 수를 더합니다.

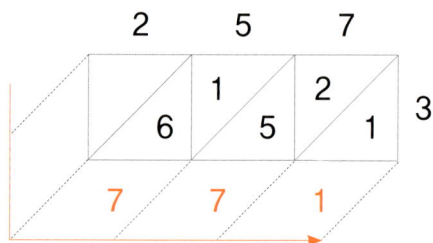

대각선끼리의 수를 더하면 1+6=7, 2+5=7, 1이 됩니다. 각각의 수를 화살표 방향으로 읽으면 771이므로 257×3=771입니다.

같은 방법으로 486×7을 계산하면 다음과 같습니다.

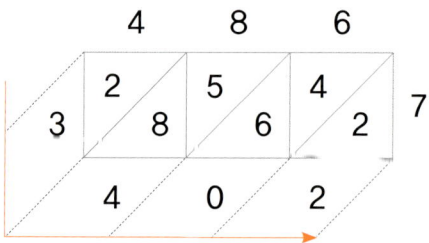

따라서 486×7=3402입니다.

연습 문제

Q 앞에서 배운 방법을 활용하여 다양한 방법으로 문제를 해결해 봅시다.

❶ 251 × 3

❷ 482 × 7

❸ 249 × 3

❹ 372 × 6

❺ 184 × 4

❻ 848 × 9

❼ 214 × 3를 격자 곱셈법으로 계산하시오.

❽ 593 × 7를 격자 곱셈법으로 계산하시오.

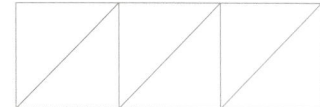

나만의 새로운 문제와 풀이

Q (몇백 몇십 몇) × (몇)의 문제를 만들고 자신만의 새로운 풀이 방법을 생각해 봅시다.

4 (몇십)×(몇십) 계산하기

Q 계산해 보시오.

10×30   30×40   80×30   90×70

두 자리 수끼리의 곱셈을 배울 때 먼저 (몇십)×(몇십)에 대해 알아봅시다. 이러한 곱셈의 특징은 바로 일의 자리 수가 0이라는 점입니다. 쉽게 계산할 수 있는 문제이지만 다양한 풀이 방법을 생각해 보면서 다른 곱셈에서도 활용할 수 있는 창의적인 방법을 알아봅시다.

(몇십)×(몇십)을 세로셈으로 계산하는 방법은 다음과 같습니다.

❶ 10×30 계산하기

```
    1 0          1 0          1 0
  ×  3 0   →   ×  3 0   →   ×  3 0
  ───────      ───────      ───────
                   0 0        3 0 0
```

① 0을 2개 씁니다.
② 1×3을 계산하여 백의 자리에 씁니다.

❷ 30×40 계산하기

```
    3 0          3 0          3 0
  ×  4 0   →   ×  4 0   →   ×  4 0
  ───────      ───────      ───────
                   0 0      1 2 0 0
```

① 0을 2개 씁니다.
② 3×4를 계산하여 천의 자리에 씁니다.

공신들의 방법

💡 방법 ❶ 한 자리 수의 곱셈 활용하기

다음 표를 보면서 (몇십)×(몇십)과 (몇)×(몇)의 관계를 생각해 봅시다.

1×3 = 3	2×4 = 8	7×2 = 14
10×30 = 300	20×40 = 800	70×20 = 1400

10×30은 1×3의 100배입니다. 20×40은 2×4의 100배이고, 70×20은 7×2의 100배입니다. 따라서 (몇십)×(몇십)은 (몇)×(몇)을 먼저 계산한 다음 생략했던 0의 개수를 뒤에 붙이면 됩니다.

$$10 \times 30 = 300$$
$$1 \times 3 = 3$$

같은 방법으로 30×40을 계산해 봅시다. 30×40은 3×4를 먼저 계산한 뒤에, 생략했던 0을 2개 붙이면 됩니다.

$$30 \times 40 = 1200$$
$$3 \times 4 = 12$$

💡 방법 ❷ 간단한 곱셈으로 바꾸기

곱셈식은 곱하기 쉬운 수로 분해해서 계산할 수 있습니다. 80×30에서 80과 30에 각각 10이 포함되어 있습니다. 따라서 8×10과 3×10으로 바꾸어 다음과 정리할 수 있습니다.

| 80×30 | = | 8×3×10×10 | = | 24×100 | = | 2400 |

같은 방법으로 90×70을 계산하면 다음과 같습니다.

| 90×70 | = | 9×7×10×10 | = | 63×100 | = | 6300 |

연습 문제

Q. 앞에서 배운 방법을 활용하여 다양한 방법으로 문제를 해결해 봅시다.

❶ 20 × 30

❷ 50 × 70

❸ 40 × 80

❹ 80 × 80

❺ 70 × 60

❻ 90 × 20

나만의 새로운 문제와 풀이

Q. (몇십) × (몇십)의 문제를 만들고 자신만의 새로운 풀이 방법을 생각해 봅시다.

카프리카 수

인도의 어느 철도의 선로 옆에 3025km라고 쓰인 이정표가 있었습니다. 그런데 어느 날 심한 폭풍우로 인해 이정표가 쓰러지면서 두 동강이 났습니다. 3025는 절반으로 잘려 30과 25로 나누어졌습니다. 마침 이 곳을 지나가던 인도의 유명한 수학자 카프리카가 두 수를 보았습니다.
"거참, 재밌군. 30＋25=55이고 55×55=3025이네."
즉, 3025를 반으로 나누어 더한 후 제곱하면 다시 원래의 수가 되는 것입니다. 그 후 사람들은 이와 같은 성질을 갖는 수를 카프리카 수라고 했습니다.
다음의 수가 카프리카수인지 확인해 보세요.

| 2025 | 9801 |

위의 두 수를 확인해 보면 카프리카수가 되는 것을 확인할 수 있습니다.

| 20 ＋ 25 = 45
 45 × 45 = 2025 | 98 ＋ 01 = 99
 99 × 99 = 9801 |

수학자들은 네 자리 수 중에서 카프리카 수가 더 있는지 찾아 보았습니다. 하지만 네 자리 수 중에서는 위의 세 수, 즉 3025, 2025, 9801만 카프리카 수가 됩니다. 그런데 미국의 헌터라는 수학자가 네 자리 수보다 더 큰 카프리카 수를 발견했습니다.

$$6048 + 1729 = 7777$$
$$7777 \times 7777 = 60481729$$

따라서 60481729도 카프리카 수입니다.

5 (몇십 몇)×(몇십 몇) 계산하기

Q 계산해 보시오.

| 17×14 | 18×16 | 27×25 | 76×56 |
| 12×38 | 87×11 | 74×74 | 67×42 |

(몇십 몇)×(몇십 몇)은 2학년 때 곱셈구구를 외운 이후 가장 많이 하는 계산입니다. 동시에 많은 학생들이 틀리기 쉬운 문제이기도 합니다. 먼저 기본적인 풀이 방법을 이해한 다음, 문제에 알맞게 빠르고 효과적으로 계산할 수 있는 다양한 방법을 생각해 봅시다.

일반 학생의 방법

(몇십 몇)×(몇십 몇)을 세로셈으로 계산하는 방법은 다음과 같습니다.

```
            2
   1 7         1 7
 × 1 4       × 1 4
 ─────  →   ─────
             1 6 8   ← 17×4
             1 7     ← 17×1
            ─────
             2 3 8
```

① 17×4를 계산하여 씁니다. 올림이 있을 때는 올림한 수를 윗자리의 곱에 더합니다.

② 17×1을 계산하여 백의 자리부터 씁니다.

③ 각 자리에 맞춰 더합니다.

공신들의 방법

💡 방법 ❶ 십의 자리부터 계산하기

(몇십)×(몇십)을 세로셈으로 계산할 때 일의 자리가 아닌 십의 자리부터 계산할 수 있습니다. 17×14에서 10×10을 먼저 계산하고, 10×4나 10×7를 계산합니다. 마지막으로 7×4를 계산한 후, 각 자리에 맞추어 수를 더하면 됩니다.

```
        1 7
    ×   1 4
    1 0 0     ← 10×10
      4 0     ← 10×4
      7 0     ← 10×7
      2 8     ← 7×4
    2 3 8
```

💡 방법 ❷ 도형 넓이의 원리를 이용하기

17×14처럼 십의 자리 수가 같으면 도형을 이용해 계산할 수 있습니다. (가로)×(세로)의 길이가 17×14인 도형은 〈그림 1〉처럼 나타낼 수 있습니다.

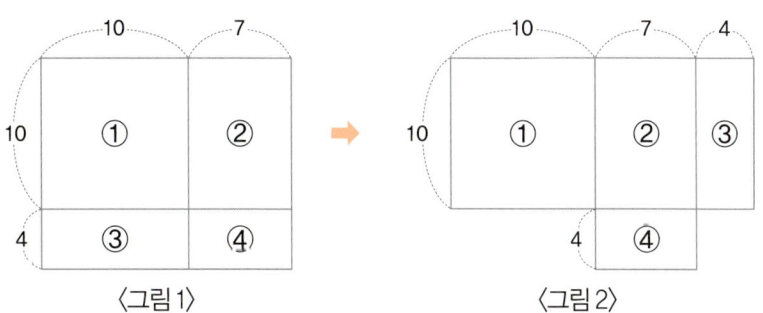

〈그림 1〉에서 ③의 가로 길이는 ①, ②의 세로 길이와 같으므로 ③을 〈그림 2〉처럼 옮길 수 있습니다. 전체 도형의 넓이는 ①+②+③의 넓이와 ④의 넓이를 더하면 되므로 (10+7+4)×10+7×4가 됩니다.

$$17 \times 14 = (10 + 7 + 4) \times 10 + 7 \times 4 = 210 + 28 = 238$$

하지만 십의 자리 수가 같은 곱셈식을 계산할 때마다 도형을 그리려면 번거롭겠지요? 위의 과정을 세로셈으로 정리하면 다음과 같습니다.

```
      1 7
  ×   1 4
  ─────────
      2 1     ← ① (17 + 4) × 10
        2 8   ← ② 7 × 4
  ─────────
      2 3 8   ← ③ 210 + 28
```

같은 방법으로 18×16을 계산해 봅시다. 머리셈으로 빠르게 계산하면 18+6=24, 즉 240으로 생각하고 일의 자리 수끼리의 곱인 8×6=48을 더하면 됩니다. 이것을 세로셈으로 정리하면 다음과 같습니다.

```
      1 8
  ×   1 6
  ─────────
      2 4     ← ① (18 + 6) × 10
        4 8   ← ② 8 × 6
  ─────────
      2 8 8   ← ③ 240 + 48
```

같은 방법으로 27×25를 계산해 봅시다. (가로)×(세로)의 길이가 27×25인 도형은 〈그림 1〉처럼 나타낼 수 있습니다.

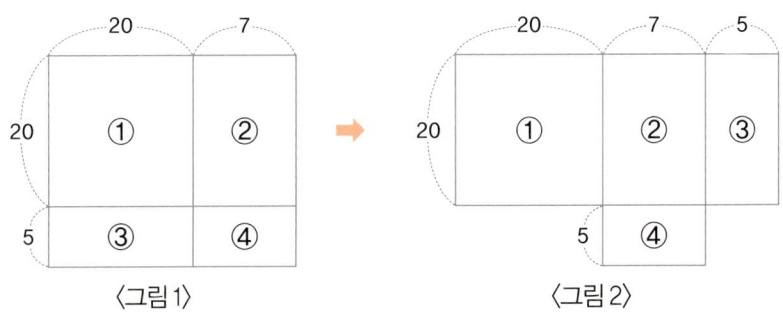

〈그림 1〉   〈그림 2〉

〈그림 1〉에서 ③의 가로 길이는 ①, ②의 세로 길이와 같으므로 ③을 〈그림 2〉처럼 옮길 수 있습니다. 전체 도형의 넓이는 ①+②+③의 넓이와 ④의 넓이를 더하면 되므로 (20+7+5)×20+7×5가 됩니다. 이것을 세로셈으로 정리하면 다음과 같습니다.

$$\begin{array}{r} 2\,7 \\ \times\ 2\,5 \\ \hline 6\,4 \\ 3\,5 \\ \hline 6\,7\,5 \end{array}$$

← ① (27+5)×20
← ② 7×5
← ③ 640+35

이번에는 일의 자리 수가 같은 76×56의 경우를 살펴볼까요? (가로)×(세로)의 길이가 76×56인 도형은 〈그림 1〉처럼 나타낼 수 있습니다.

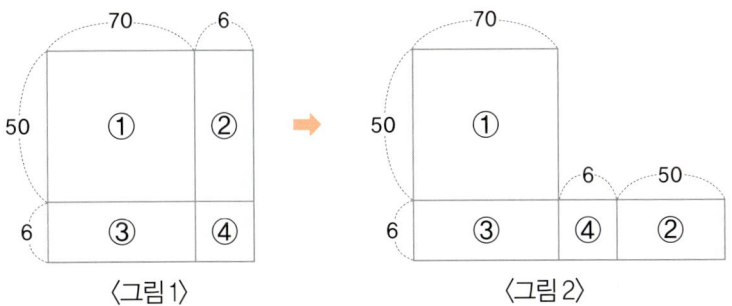

〈그림 1〉   〈그림 2〉

전체 도형의 넓이는 ①의 넓이와 ②+③의 넓이, ④의 넓이를 더하면 됩니다. ①의 넓이는 70×50, ②+③의 넓이는 (70+50)×6, ④의 넓이는 6×6입니다. 따라서 ①+②+③+④=3500+720+36=4256이 됩니다. 이것을 세로셈으로 정리하면 다음과 같습니다.

$$\begin{array}{r} 7\,6 \\ \times\ 5\,6 \\ \hline 3\,5 \\ 7\,2 \end{array}$$

← ① 70×50
← ② (70+50)×6

```
        3 6    ← ③ 6×6
   4 2 5 6    ← ④ 3500+720+36
```

방법 ❸ 곱하기 쉬운 수로 바꾸기

12×38을 계산해 볼까요? 12×38를 38×12로 바꾸면 38을 12번 더하라는 뜻입니다. 12는 10+2이므로, 38을 10번 더한 후, 2번 더 더하면 됩니다. 즉, 38×10+38×2가 됩니다.

```
     1 2              3 8
   × 3 8            × 1 2
   ─────      ➡    ─────
                     3 8     ← ① 38×10
                     7 6     ← ② 38×2
                   ─────
                   4 5 6     ← ③ 380+76
```

87×11처럼 곱하는 수가 11이면 계산은 더욱 쉬워집니다. 87을 10번 더한 후에 1번 더 더한다는 뜻이므로 87×10+87=870+87이 됩니다. 세로셈으로 하면 다음과 같습니다.

```
     8 7
   × 1 1
   ─────
     8 7     ← ① 87×10
     8 7     ← ② 87×1
   ─────
   9 5 7     ← ③ 870+87
```

36×99는 36을 99번 더하라는 뜻입니다. 99는 100보다 1 작은 수 이므로 36×99는 36×100에서 36을 1번 빼면 됩니다. 즉, 36×100−36×1이므로 3600−36=3564가 됩니다.

| 36×99 | = | 36×100 − 36×1 | = | 3600 − 36 | = | 3564 |

곱하는 수가 98이나 97일 때도 같은 방법으로 계산할 수 있습니다. 26×98에서 98대신 100을 곱한 뒤 26×2를 빼면 됩니다.

$$26 \times 98 = 26 \times 100 - 26 \times 2 = 2600 - 52 = 2548$$

이와 비슷한 방법으로 18×59도 계산할 수 있습니다. 18×59에서 59대신 60을 곱한 뒤 18×1을 빼면 됩니다.

$$18 \times 59 = 18 \times 60 - 18 \times 1 = 1080 - 18 = 1062$$

방법 ④ 같은 수를 곱하는 문제 해결하기

74×74의 경우 74에서 4를 빼어 70을 만들고, 뺀 4를 다른 74에 더하면 78이 됩니다. 78×70=5460에서 일의 자리 수를 2번 곱한 4×4를 더합니다.

```
    7 4              7 8
  × 7 4            × 7 0
  ───────    ➡    ───────
                   5 4 6    ← ① 78×70
                       1 6  ← ② 4×4 = 16
                   ───────
                   5 4 7 6  ← ③ 5460 + 16
```

같은 방법으로 65×65를 계산해 봅시다.

65에서 5를 빼면 60이 되고, 65에 5를 더하면 70이 되어 60×70이 됩니다. 여기에 일의 자리 수를 2번 곱한 5×5=25를 더합니다.

```
    6 5              6 0
  × 6 4            × 7 0
  ───────    ➡    ───────
                     4 2    ← ① 60×70
                       2 5  ← ② 5×5
                   ───────
                   4 2 2 5  ← ③ 4200 + 25
```

방법 5 곱하는 수를 분해해서 계산하기

67×42에서 42를 7×6으로 바꾸면 67×7×6이 됩니다. 두 자리 수끼리의 곱셈을 두 자리 수와 한자리 수가 섞인 식으로 바꾸면 계산이 좀 더 쉬워집니다.

| 67×42 | = | 67×7×6 | = | 469×6 | = | 2814 |

 **연습 문제**

Q 앞에서 배운 방법을 활용하여 다양한 방법으로 문제를 해결해 봅시다.

❶ 28 × 57

❷ 52 × 29

❸ 47 × 11

❹ 68 × 99

❺ 45 × 45

❻ 46 × 64

 **나만의 새로운 문제와 풀이**

Q (몇십 몇)×(몇십 몇)의 문제를 만들고 자신만의 새로운 풀이 방법을 생각해 봅시다.

6 세 수의 곱셈 계산하기

> **Q** 계산해 보시오.
>
> 4×11×7   6×18×20   12×34×25

세 수의 곱셈은 앞에서부터 순서대로 계산할 수 있고, 경우에 따라 곱하기 쉬운 두 수부터 계산하여 해결할 수 있습니다. 세 수의 곱셈은 꽤 복잡한 연산이기 때문에 초등학교 교과 과정에서는 곱하는 수를 한 자리 수 또는 두 자리 수까지만 제시합니다.

앞에서부터 순서대로 계산하여 해결합니다.

❶ 4×11×7 계산하기

```
        4              ²4 4
    ×  1 1    →      ×   7
    ─────────        ─────────
       4 4             3 0 8
```

① 4×11을 먼저 계산합니다.
② ①의 값에서 7을 곱합니다.

❷ 6×18×20 계산하기

```
       ⁴6              ¹1 0 8
    ×  1 8    →       ×   2 0
    ─────────        ─────────
      1 0 8           2 1 6 0
```

① 6×18을 먼저 계산합니다.
② ①의 값에서 20을 곱합니다.

114

공신들의 방법

방법 ① 곱셈의 순서 바꾸기

곱셈은 계산 순서를 바꾸어도 결과가 같으므로 $4 \times 11 \times 7$을 $4 \times 7 \times 11$로 바꿀 수 있습니다. $4 \times 7 \times 11$은 28×11이 되므로 110쪽에서 배운 11의 곱셈 방법을 활용하여 계산할 수 있습니다.

$$\boxed{4 \times 11 \times 7} = \boxed{4 \times 7 \times 11} = \boxed{28 \times 11} = \boxed{280 + 28} = \boxed{308}$$

같은 방법으로 $6 \times 18 \times 20$을 $18 \times 6 \times 20$로 바꿀 수 있습니다. $18 \times 6 \times 20$은 108×20이 되고, 20을 2×10으로 바꾸면 $108 \times 2 \times 10$이 됩니다.

$$\boxed{6 \times 18 \times 20} = \boxed{18 \times 6 \times 20} = \boxed{108 \times 20} = \boxed{108 \times 2 \times 10} = \boxed{2160}$$

곱셈과 덧셈은 계산 순서를 바꾸어도 되지만, 뺄셈과 나눗셈은 계산 순서를 바꾸면 결과가 달라질 수 있다는 점을 유념해야 합니다.

방법 ② 계산하기 쉬운 수로 분해하기

곱셈식에 5가 포함된 수가 있으면 계산하기 쉬워집니다. 예를 들어 $12 \times 34 \times 25$을 살펴봅시다. 25가 있기 때문에 다른 수에서 4를 곱할 수 있는지 찾습니다. 12는 3×4이므로 $12 \times 34 \times 25$는 $3 \times 4 \times 34 \times 25$로 바꾸어 계산할 수 있습니다. $25 \times 4 = 100$이므로 $34 \times 3 \times 100$으로 계산하면 됩니다.

$$\boxed{12 \times 34 \times 25} = \boxed{3 \times 4 \times 34 \times 25} = \boxed{3 \times 34 \times 25 \times 4}$$
$$= \boxed{102 \times 100} = \boxed{10200}$$

곱셈식에서 25×4 또는 5×2를 찾으면 이 부분을 제외한 나머지 식을 계산한 다음 0을 개수만큼 붙이면 됩니다. 25×4는 0을 2개, 5×2는 0을 1개 붙입니다. 이처럼 계산하기 쉬운 수로 분해하면 계산이 훨씬 쉬워집니다.

연습 문제

Q 앞에서 배운 방법을 활용하여 다양한 방법으로 문제를 해결해 봅시다.

❶ 28 × 3 × 17

❷ 24 × 17 × 8

❸ 15 × 20 × 25

❹ 18 × 23 × 49

❺ 17 × 27 × 27

❻ 25 × 44 × 11

나만의 새로운 문제와 풀이

Q 세 수의 곱셈 문제를 만들고 자신만의 새로운 풀이 방법을 생각해 봅시다.

수학 마술

마술을 본 적이 있나요? 신기한 마술을 보면 '어떻게 저럴 수가 있을까?' 하고 감탄하게 됩니다. 재미있는 수학 마술을 하나 소개하려고 합니다. 다음 6개의 마술 카드를 이용하면 상대방이 생각한 수를 맞출 수 있답니다.

```
 1  9 17 25 33 41 49 57
 3 11 19 27 35 43 51 59
 5 13 21 29 37 45 53 61
 7 15 23 31 39 47 55 63
```
A

```
 2 10 18 26 34 42 50 58
 3 11 19 27 35 43 51 59
 6 14 22 30 38 46 54 62
 7 15 23 31 39 47 55 63
```
B

```
 4 12 20 28 36 44 52 60
 5 13 21 29 37 45 53 61
 6 14 22 30 38 46 54 62
 7 15 23 31 39 47 55 63
```
C

```
 8 12 24 28 40 44 56 60
 9 13 25 29 41 45 57 61
10 14 26 30 42 46 58 62
11 15 27 31 43 47 59 63
```
D

```
16 20 24 28 48 52 56 60
17 21 25 29 49 53 57 61
18 22 26 30 50 54 58 62
19 23 27 31 51 55 59 63
```
E

```
32 36 40 44 48 52 56 60
33 37 41 45 49 53 57 61
34 38 42 46 50 54 58 62
35 39 43 47 51 55 59 63
```
F

① 상대방에게 1에서 63까지의 수 중 하나를 생각하도록 합니다.
② A~F의 마술 카드를 순서와 상관없이 보여 주며, 생각한 수가 있는지 묻습니다.
③ 상대방이 고른 카드의 맨 처음 수끼리 더하면 상대방이 생각한 수가 나옵니다. 만약 30을 생각했다면 30이 있는 카드는 B, C, D, E입니다. 각 카드의 맨 앞의 수를 더하면 2+4+8+16이므로 30이 나옵니다.

이 마술을 친구나 가족에게 소개해 봅시다.

7 곱셈식에서 □의 값 구하기

Q 계산해 보시오.

7 × □ = 21   □ × 19 = 38   26 × □ = 104   □ × 24 = 336

보통 곱셈 계산은 두 수를 곱한 값을 구하는 문제가 많습니다. 하지만 어떤 경우에는 계산 결과를 알려주고, 곱하는 수나 곱해지는 수를 구하는 문제가 나오기도 합니다. 중학교 때 배울 방정식의 기초가 되고, 약수의 개념이 포함되어 있기 때문에 곱셈 계산에서 □의 값을 구하는 문제는 바르게 이해할 필요가 있습니다. 곱셈 계산에서 □의 값을 구하는 문제를 어떻게 해결하는지 알아보고, 다양한 풀이 방법을 함께 생각해 봅시다.

일반 학생의 방법

7 × □ = 21에서 □안에 1부터 차례대로 수를 넣어 알맞은 수를 찾을 수 있습니다.

□에 1을 넣으면	7 × 1 = 7	→ □는 1이 아니다.
□에 2를 넣으면	7 × 2 = 14	→ □는 2가 아니다.
□에 3을 넣으면	7 × 3 = 21	→ □는 3이다.

공신들의 방법

방법 ① 곱셈과 나눗셈의 관계 이용하기

7×□=21를 계산하기 전에 다음 표를 보며 곱셈과 나눗셈의 관계를 살펴봅시다.

$2 \times 3 = 6$ → $6 \div 2 = 3$ / $6 \div 3 = 2$

$3 \times 5 = 15$ → $15 \div 3 = 5$ / $15 \div 5 = 3$

곱셈식 2×3=6은 나눗셈식 6÷2=3 또는 6÷3=2으로 바꿀 수 있습니다. 3×5=15는 15÷3=5 또는 15÷5=3로 바꿀 수 있습니다.

따라서 7×□=21는 21÷□=7 또는 21÷7=□로 바꿀 수 있고, 21÷7=3이므로 □=3이라는 것을 알 수 있습니다.

$7 \times \square = 21$ → $21 \div 7 = \square$ → $\square = 3$

같은 방법으로 □×19=38에서 □를 구해 봅시다.
곱셈식 □×19=38는 나눗셈식 38÷19=□로 바꿀 수 있으므로 □=2라는 것을 알 수 있습니다.

$\square \times 19 = 38$ → $38 \div 19 = \square$ → $\square = 2$

방법 ② □안의 수를 예측한 뒤 알맞은 수 찾기

□ 안에 들어갈 수를 예측한 뒤에 그 결과를 보고 □의 값을 구해 봅시다.
26×□=104에서 □에 5를 넣어 봅시다. 26×5=130이므로 104보다 큽니다. 이번에는 5보다 작은 4를 넣습니다. 26×4=104이므로 □=104라는 것을 알 수 있습니다. 이처럼 □안에 들어갈 수를 예상해 보고, 결과에 따라 수를 늘이거나 줄이면서 답을 구할 수 있습니다.

같은 방법으로 □×24=336에서 □를 구해 봅시다. 24와 336을 대략 25와 350으로 생각하면 □를 14라고 예상할 수 있습니다. 24×14=336이므로 □=14라는 것을 알 수 있습니다.

연습 문제

Q 위에서 배운 방법을 활용하여 다양한 방법으로 문제를 해결해 봅시다.

❶ □ × 8 = 24

❷ 5 × □ = 35

❸ 3 × □ × 4 = 36

❹ □ × 12 = 36

❺ 22 × □ = 44

❻ □ × 54 = 108

나만의 새로운 문제와 풀이

Q □가 들어가는 곱셈식 문제를 만들고 자신만의 새로운 풀이 방법을 생각해 봅시다.

선 긋기 곱셈법

선을 그어 곱셈을 계산하는 방법이 있습니다. 선 긋기 곱셈법으로 25×13을 계산해 봅시다.

❶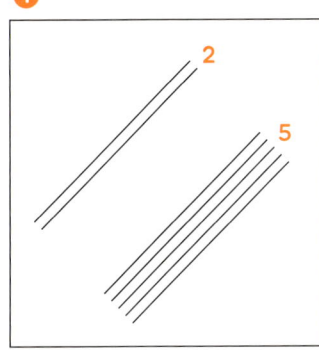
❷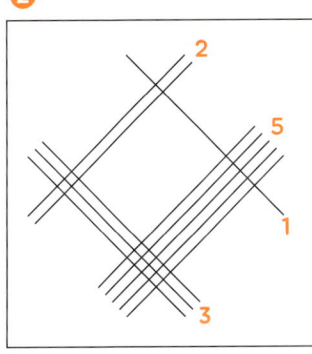
❸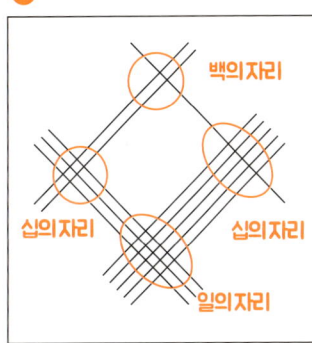

❶ 곱해지는 수 25에서 십의 자리 선 2개, 일의 자리 선 5개를 긋습니다.
❷ 곱하는 수 13에서 십의 자리 선 1개와 일의 자리 선 3개를 겹쳐서 긋습니다.
❸ 각 선이 만나는 곳을 세면 맨 위의 백의 자리는 2개, 중간의 십의 자리는 6개와 5개, 맨 아래의 일의 자리는 15개입니다. 각 자리에 맞춰 계산하면 (2×100)+(6+5)×10+1×15=200+110+15=325가 나옵니다.

곱셈 문제를 직접 만들어 보고, 선 긋기 곱셈법으로 계산해 보세요.

❶
❷
❸

나눗셈

1. (몇십 몇)÷(몇) 계산하기(1)
2. (몇십 몇)÷(몇) 계산하기(2)
3. (몇백 몇십 몇)÷(몇) 계산하기
4. (몇십 몇)÷(몇십 몇) 계산하기
5. (몇백 몇십 몇)÷(몇십 몇) 계산하기

1 (몇십 몇) ÷ (몇) 계산하기(1)

Q 계산해 보시오.

12 ÷ 3   68 ÷ 4   54 ÷ 9

나눗셈은 크게 나머지가 있는 나눗셈과 나머지가 없는 나눗셈으로 나눌 수 있습니다. 이번 장에서 다룰 나머지가 없는 (몇십 몇)÷(몇)은 모든 나눗셈의 기초가 됩니다. 문제를 해결하는 여러가지 방법을 생각해 봅시다.

여러 가지 방법으로 나눗셈을 계산할 수 있습니다.

❶ 그림을 그려 해결하기

●●●● ●●●● ●●●● 구슬 12개를 3곳으로 똑같이 나누면 한 곳에 4개씩입니다.	12 ÷ 3 = 4
●●● ●●● ●●● ●●● 구슬 12개를 3개씩 나누면 4묶음이 됩니다.	12 ÷ 3 = 4

❷ 곱셈구구로 해결하기

3×4=12이므로 12÷3=4입니다.

❸ 세로셈으로 해결하기

$$3\overline{)12} \quad \rightarrow \quad \begin{array}{r} 4 \\ 3\overline{)12} \\ \underline{12} \\ 0 \end{array} \quad \leftarrow 3 \times 4 = 12$$

① 나눌 수 12를 ⟍ 의 안쪽에, 나누는 수 3을 ⟍ 의 왼쪽에 씁니다.
② 12÷3을 계산하여 ⟍ 의 위쪽에 몫을 씁니다.

방법 ❶ 뺄셈으로 생각하기

나눗셈에서 곱셈구구를 이용하면 계산이 쉬워집니다. 즉, 12÷3에서 3×4=12이므로 4라는 몫을 쉽게 구할 수 있습니다.

$$12 \div 3 \Rightarrow 3 \times 4 = 12 \Rightarrow 12 \div 3 = 4$$

하지만 68÷4처럼 나눌 수가 크면 답이 쉽게 나오지 않습니다. 이럴 때는 뺄셈을 이용하면 됩니다.

68÷4을 보고 68에서 4를 몇 번 뺄 수 있는지 생각해 봅시다.

4를 한 번씩 빼려면 시간이 오래 걸리므로 10단위로 뺍니다. 68에서 4를 10번 뺀 40을 빼면 68−40=28입니다. 남은 28에 4를 몇 번 뺄 수 있는지는 곱셈구구에서 찾을 수 있으므로 28÷4=7입니다. 앞서 10번을 빼고 다시 7번 뺐으므로, 68에서 4를 17번 뺀 것과 같습니다.

$$68 \div 4 \Rightarrow 68 - 40 = 28 \Rightarrow 28 \div 4 = 7 \Rightarrow 68 \div 4 = 17$$

방법 ❷ 나눌 수를 곱셈으로 바꾸어서 생각하기

24÷4에서 나눌 수 24를 6×4로 바꾸면 6×4÷4가 됩니다. 4÷4=1이므로 6×1을 계산하면 6입니다.

$$24 \div 4 = 6 \times 4 \div 4 = 6 \times 1 = 6$$

같은 방법으로 54÷9를 계산해 봅시다.

54는 6×9이므로 54÷9는 6×9÷9로 바꿀 수 있습니다. 9÷9=1이므로 6×1을 계산하면 6입니다.

$$54 \div 9 = 6 \times 9 \div 9 = 6 \times 1 = 6$$

 **연습 문제**

Q. 앞에서 배운 방법을 활용하여 다양한 방법으로 문제를 해결해 봅시다.

❶ 27 ÷ 3

❷ 95 ÷ 5

❸ 36 ÷ 4

❹ 72 ÷ 2

❺ 84 ÷ 7

❻ 78 ÷ 6

 **나만의 새로운 문제와 풀이**

Q. 나머지가 없는 (몇십 몇)÷(몇)의 문제를 만들고 자신만의 새로운 풀이 방법을 생각해 봅시다.

이집트 인의 나눗셈

이집트는 일찍부터 수학이 발달했습니다. 나일 강 유역에 홍수가 나면 땅의 경계가 지워졌는데, 그때마다 땅을 다시 나누면서 기하학과 측량술이 발달했습니다. 그렇다면 이집트 인들은 어떻게 나눗셈을 하였을까요? 이집트 인의 방식대로 753÷26을 계산해 봅시다.

어때요? 신기하지요? 여러분들도 나눗셈 문제를 직접 만들어 보고, 이집트 인의 방법대로 계산해 보세요.

✏️ 내가 만든 나눗셈

2 (몇십 몇)÷(몇) 계산하기(2)

Q 계산해 보시오.

| 57÷5 | 78÷7 | 76÷9 | 64÷3 |

(몇십 몇)÷(몇)을 계산하는 문제 중에서 나머지가 있는 나눗셈입니다. 이런 문제는 대부분 나눌 수가 곱셈구구에 없기 때문에 학생들이 계산을 어려워하는 경향이 있습니다.

(몇십 몇)÷(몇)을 세로셈으로 계산하는 방법은 다음과 같습니다.

❶ 내림이 없는 경우

$$
5 \overline{)57} \rightarrow 5 \overline{)\begin{array}{c} 1 \\ 57 \\ 5 \\ \hline 7 \end{array}} \leftarrow 5 \times 1 \rightarrow 5 \overline{)\begin{array}{c} 11 \\ 57 \\ 5 \\ \hline 7 \\ 5 \\ \hline 2 \end{array}} \leftarrow 5 \times 1
$$

❷ 내림이 있는 경우

$$
5 \overline{)67} \rightarrow 5 \overline{)\begin{array}{c} 1 \\ 67 \\ 5 \\ \hline 17 \end{array}} \leftarrow 5 \times 1 \rightarrow 5 \overline{)\begin{array}{c} 13 \\ 67 \\ 5 \\ \hline 17 \\ 15 \\ \hline 2 \end{array}} \leftarrow 5 \times 3
$$

방법 ① 뺄셈으로 생각하기

57÷5을 뺄셈으로 계산해 봅시다. 57에서 5의 10배인 50을 빼면 7이 남습니다. 7에서 5를 1번 더 뺄 수 있으므로 7÷5=1…2입니다. 앞서 10번을 빼고 1번을 더 뺐으므로 57÷5의 몫은 11, 나머지는 2입니다.

| 57÷5 | ➡ | 57−50=7 | ➡ | 7÷5=1…2 | ➡ | 57÷5=11…2 |

같은 방법으로 78÷7을 계산해 봅시다.

78에서 7의 10배인 70을 빼면 8이 남습니다. 8에서 7은 1번 뺄 수 있으므로 8÷7=1…1입니다. 앞서 10번을 빼고, 1번 더 뺄 수 있으므로 78÷7의 몫은 11, 나머지는 1입니다.

| 78÷7 | ➡ | 78−70=8 | ➡ | 8÷7=1…1 | ➡ | 78÷7=11…1 |

방법 ② 배의 개념을 이용하여 계산하기

나눗셈에서 배수 판정법을 이용해 나뉠 수가 나누는 수의 배수인가를 살펴보면 훨씬 쉽게 계산할 수 있습니다.

76÷9에서 76이 9의 배수인가를 살펴봅시다. 9의 배수라면 각 자리 숫자의 합이 9의 배수가 되야 합니다. 76은 7+6=13이므로 9의 배수가 아닙니다. 76이 9의 배수가 되려면 13−9=4, 4를 빼야 합니다. 이때 4가 76÷9의 나머지가 되고, 76에서 4 뺀 72를 9로 나눈 수가 몫이 됩니다. 즉, 76÷9의 몫은 72÷9=8, 나머지는 13−9=4입니다.

| 76÷9 | ➡ | 7+6=13 | ➡ | 13−9=4 | ➡ | 72÷9=8 |
| | | | | | ➡ | 76÷9=8…4 |

같은 방법으로 64÷3을 계산해 봅시다.

3의 배수는 각 자리 숫자의 합이 3의 배수가 되어야 합니다. 64÷3에서 64는 6+4=10이므로 3의 배수가 아닙니다. 10−9=1이므로 64÷3의 나머지는 1이고, 64에서 1을 빼면 63이므로 몫은 63÷3=21이 됩니다. 64÷3의 몫은 21, 나머지는 1이 됩니다.

$64 \div 3$ ➡ $6 + 4 = 10$ ➡ $10 - 9 = 1$ ➡ $63 \div 3 = 21$
➡ $64 \div 3 = 21 \cdots 1$

이처럼 경우에 따라 나뉠 수가 나누는 수의 배수인지를 판단하면 좀 더 쉽게 계산할 수 있습니다. 다른 수의 배수 판정법을 알아보면 다음과 같습니다.

2의 배수 판정법 : 끝 자리가 0, 2, 4, 6, 8이면 원래 수는 2의 배수이다.
3의 배수 판정법 : 각 자리 숫자의 합이 3의 배수이면 원래 수도 3의 배수이다.
4의 배수 판정법 : 끝 두 자리 수가 4의 배수이면 원래 수도 4의 배수이다.
5의 배수 판정법 : 끝 자리가 0 또는 5이면 원래의 수는 5의 배수이다.
6의 배수 판정법 : 2의 배수이면서 동시에 3의 배수이면 원래 수는 6의 배수이다.
7의 배수 판정법 : 특수한 방법은 있지만 나눗셈으로 푸는 방법이 더 편리하다.
8의 배수 판정법 : 끝 세 자리 수가 8의 배수이면 원래 수도 8의 배수이다.
9의 배수 판정법 : 각 자리 숫자의 합이 9의 배수이면 원래 수도 9의 배수이다.

연습 문제

Q 앞에서 배운 방법을 활용하여 다양한 방법으로 문제를 해결해 봅시다.

❶ 85 ÷ 4

❷ 39 ÷ 7

❸ 28 ÷ 3

❹ 49 ÷ 3

❺ 88 ÷ 5

❻ 99 ÷ 7

❼ 76 ÷ 3

❽ 47 ÷ 6

나만의 새로운 문제와 풀이

Q 나머지가 있는 (몇십 몇) ÷ (몇)의 문제를 만들고 자신만의 새로운 풀이 방법을 생각해 봅시다.

3. (몇백 몇십 몇)÷(몇) 계산하기

Q 계산해 보시오.

126÷4   353÷6   483÷9   248÷6

(몇백 몇십 몇)÷(몇)으로 나누는 계산은 나눗셈을 잘하는 학생도 긴장하게 만드는 계산입니다. 세 자리 수이기 때문에 곱셈구구로 바로 해결할 수 없고 자릿값을 생각하며 계산해야 합니다. 일반적인 해결 방법 이외에도 다양한 방법을 창의적으로 활용하여 상황에 알맞게 문제를 해결할 수 있습니다.

일반 학생의 방법

(몇백 몇십 몇)÷(몇)을 세로셈으로 계산하는 방법은 다음과 같습니다.

$$
\begin{array}{r}
4\,\overline{)\,126\,}
\end{array}
\quad\rightarrow\quad
\begin{array}{r}
3 \\
4\,\overline{)\,126\,} \quad\leftarrow 4\times 3\\
\underline{12} \\
6
\end{array}
\quad\rightarrow\quad
\begin{array}{r}
31 \\
4\,\overline{)\,126\,} \\
\underline{12} \\
6 \\
\underline{4} \quad\leftarrow 4\times 1\\
2
\end{array}
$$

① 12÷4를 계산한 몫을 십의 자리에 맞춰 씁니다.
② 6÷4를 계산한 몫을 일의 자리에 맞춰 씁니다.
③ ①, ②를 계산하고 남은 수가 나머지가 됩니다.

공신들의 방법

방법 ❶ 뺄셈으로 생각하기

126÷4에서 126−40=86, 86−40=46, 46−40=6으로 40씩 3번 뛰어 셀 수 있으므로 몫은 30이 됩니다. 여기에 남은 6÷4를 하면 몫은 1, 나머지는 2가 되므로 126÷4의 몫은 30+1=31, 나머지는 2가 됩니다.

| 126÷4 | ➡ | 126−120=6 | ➡ | 6÷4=1⋯2 | ➡ | 126÷4=31⋯2 |

353÷6에서도 353−60=293, 293−60=233, 233−60=173, 173−60=113, 113−60=53으로 60씩 5번 뛰어셀 수 있으므로 몫은 50이 됩니다. 남은 53÷6을 하면 몫이 8, 나머지는 5입니다. 따라서 353÷6의 몫은 50+8=58, 나머지는 5가 됩니다.

| 353÷6 | ➡ | 353−300=53 | ➡ | 53÷6=8⋯5 |
| | | | ➡ | 353÷6=58⋯5 |

방법 ❷ 수를 줄여서 계산하기

126÷4에서 126과 4는 2의 배수입니다. 각각의 수를 반으로 줄이면 63과 2가 되고, 63÷2를 계산하면 몫은 31, 나머지는 1이 됩니다.

여기서 주의할 점은 몫은 변화가 없지만, 나머지는 반으로 줄였던 것을 다시 원래대로 해 주어야 한다는 점입니다. 즉, 반으로 줄였으면 2배를 해 주어야 합니다. 따라서 126÷4의 몫은 31, 나머지는 2가 됩니다.

| 126÷4 | ➡ | 63÷2=31⋯1 | ➡ | 126÷4=31⋯2 |

같은 방법으로 184÷6을 계산해 봅시다.

| 184÷6 | ➡ | 92÷3=30⋯2 | ➡ | 126÷4=30⋯4 |

이처럼 나눗셈은 복잡한 계산을 되도록 단순하게 고치면 실수를 줄일 수 있습니다.

💡 방법 ③ 배수 판정법 이용해서 계산하기

483÷9에서 483이 9의 배수인지 살펴봅시다. 483의 각 자리 숫자를 더하면 4+8+3=15이므로 9의 배수가 아닙니다. 따라서 483÷9의 나머지는 15−9=6이고, 483에서 6을 뺀 477을 9로 나눈 477÷9를 계산하면 몫이 나옵니다. 477÷9는 세로셈으로 계산해도 되고 뺄셈을 이용할 수도 있습니다. 477에서 9의 10배인 90을 5번 빼면 477−450=27이 됩니다. 남은 27을 9로 나누면 27÷9=3이므로 477÷9=53이 됩니다.

$$483 \div 9 \Rightarrow 4+8+3=15 \Rightarrow 15-9=6$$
$$\Rightarrow 477 \div 9 = 53 \Rightarrow 483 \div 9 = 53 \cdots 6$$

💡 방법 ④ 나누는 수를 나누어서 나눗셈하기

248÷6의 계산을 생각해 봅시다. 6으로 나누라는 것은 2로 나눈 후에 다시 3으로 나누라는 것과 같으므로 248÷2÷3로 고칠 수 있습니다. 248÷2÷3를 순서대로 계산하면 다음과 같습니다.

$$248 \div 6 \Rightarrow 248 \div 2 \div 3 \Rightarrow 124 \div 3 = 41 \cdots 1$$

연습 문제

Q 앞에서 배운 방법을 활용하여 다양한 방법으로 문제를 해결해 봅시다.

❶ 214 ÷ 3

❷ 153 ÷ 4

❸ 183 ÷ 9

❹ 529 ÷ 6

❺ 236 ÷ 7

❻ 825 ÷ 5

❼ 242 ÷ 8

❽ 931 ÷ 2

 **나만의 새로운 문제와 풀이**

Q (몇백 몇십 몇)÷(몇)의 문제를 만들고 자신만의 새로운 풀이 방법을 생각해 봅시다.

 4 (몇십 몇)÷(몇십 몇) 계산하기

Q 계산해 보시오.

64÷35   94÷53   87÷16

(몇십 몇)÷(몇십 몇)의 계산은 나눌 수를 두 자리 수로 나누어야 하기 때문에 몫을 구할 때 두 자리 수 곱셈을 생각해야 합니다. 한 자리 수 곱셈은 곱셈구구를 떠올리면 되는데, 두 자리 수 곱셈은 머릿셈으로 바로 떠올리기가 어렵습니다. 일반적인 해결 방법 이외에도 다양한 방법을 창의적으로 생각하여 상황에 알맞게 문제를 해결해 봅시다.

일반 학생의 방법

(몇십 몇)÷(몇십 몇)을 세로셈으로 계산하는 방법은 다음과 같습니다.

$$35\overline{)64} \quad \rightarrow \quad 35\overline{)64} \leftarrow 35\times1$$
$$\phantom{35\overline{)}}\underline{35}$$
$$\phantom{35\overline{)}}29$$

① 64÷35를 계산한 몫을 일의 자리에 맞춰 씁니다.
② 남은 수가 나머지가 됩니다.

공신들의 방법

💡 방법 ❶ 뺄셈으로 생각하기

(몇백 몇십 몇)÷(몇)과 (몇십 몇)÷(몇십 몇) 중 어떤 식이 더 계산하기 쉽나요? 나눗셈식은 나뉠 수와 나누는 수의 차가 작을수록 계산하기 쉽습니다. 뺄셈으로 계산했을 때 몇 번 만에 답이 나오기 때문입니다. 예를 들어 78÷12과 64÷35 중 어느 것이 더 계산하기 쉬울까요? 64÷35입니다. 78에서는 12를 여러 번 빼야 하지만 64에서는 35를 1번만 빼면 되기 때문입니다.

$$64 \div 35 \Rightarrow 64 - 35 = 29 \Rightarrow 64 \div 35 = 1 \cdots 29$$

이처럼 나눗셈식에서 나뉠 수와 나누는 수의 차가 작을 때는 뺄셈으로 풀면 쉽습니다. 같은 방법으로 94÷53를 계산해 봅시다.

$$94 \div 53 \Rightarrow 94 - 53 = 41 \Rightarrow 94 \div 53 = 1 \cdots 41$$

문제에 따라 생각을 바꾸면 쉽게 계산할 수 있습니다.

💡 방법 ❷ 어림으로 생각하기

(몇십 몇)÷(몇십 몇)을 계산할 때 몇십 몇을 몇십으로 간단하게 어림해서 계산할 수 있습니다. 87÷16를 몇십으로 어림해 봅시다. 이때 나뉠 수 87은 자신보다 작은 몇십으로 만드는 것이 좋고, 나누는 수 16은 자신보다 큰 몇십으로 바꾸는 것이 좋습니다. 따라서 87÷16는 80÷20으로 어림할 수 있습니다.

$$87 \div 16 \Rightarrow 80 \div 20 = 4$$

이제 80÷20의 몫 4를 87÷16 세로셈에 넣어서 계산해 봅시다.
16×4=64이므로 87−64=23, 나머지가 23이 나옵니다. 23은 나누는 수 16보다 크므로 23에서 16을 1번 더 뺀 다음, 몫에 1을 더합니다. 나머지는 23−16=7입니다.

```
              4 + 1      ← ① 80÷20의 몫을 넣습니다.
        _____
    1 6 ) 8 7
          6 4
        _____
            2 3          ← ② 23이 16보다 크므로 1번 더 빼고,
            1 6              몫에 1을 더해 줍니다.
        _____
              7          ← ③ 나머지를 구합니다.
```

이 방법은 자칫 몫을 4, 나머지를 23이라고 써서 실수하기가 쉽습니다. 남은 수가 나누는 수보다 더 클 경우, 한 번 더 계산하고 제대로 된 몫과 나머지를 구해야 합니다.

연습 문제

Q 앞에서 배운 방법을 활용하여 다양한 방법으로 문제를 해결해 봅시다.

❶ 27 ÷ 12

❷ 38 ÷ 25

❸ 54 ÷ 21

❹ 68 ÷ 32

❺ 96 ÷ 17

❻ 92 ÷ 38

나만의 새로운 문제와 풀이

Q (몇십 몇)÷(몇십 몇)의 문제를 만들고 자신만의 새로운 풀이 방법을 생각해 봅시다.

5 (몇백 몇십 몇)÷(몇십 몇) 계산하기

Q 계산해 보시오.

184÷45　　　343÷27　　　451÷19　　　316÷52

(몇백 몇십 몇)÷(몇십 몇)의 계산은 초등학교 나눗셈에서 거의 마지막 단계라고 할 수 있습니다. 일반적인 방법 이외에도 다양한 방법을 창의적으로 활용하여 상황에 알맞게 문제를 해결해 봅시다.

일반 학생의 방법

(몇백 몇십 몇)÷(몇십 몇)을 세로셈으로 계산하는 방법은 다음과 같습니다.

$$
\begin{array}{r} 45\overline{)184} \end{array} \quad \rightarrow \quad \begin{array}{r} 4 \\ 45\overline{)184} \\ 180 \\ \hline 4 \end{array} \leftarrow 45\times4
$$

① 184÷45를 계산한 몫을 일의 자리에 맞춰 씁니다.
② 남은 수가 나머지가 됩니다.

공신들의 방법

방법 ① 뺄셈으로 생각하기

나눗셈식은 뺄셈과 나눗셈을 적절히 이용하면 빨리 계산할 수 있습니다. 184÷45를 계산해 봅시다. 세로셈으로 계산하기 전에 45의 배수 중에서 184보다 작으면서 가장 큰 수를 찾습니다. 45×2=90, 45×3=135, 45×4=180이므로 나눌 수 187에서 180을 빼면 바로 나머지가 7입니다. 187÷45는 몫 4, 나머지가 7이 됩니다.

| 184÷45 | ➡ | 45×4=180 | ➡ | 184−180=4 |

➡ 184÷45 = 4⋯4

같은 방법으로 343÷27를 계산해 봅시다.

343에서 27의 10배인 270을 빼면 343−270=73, 73이 남습니다. 73은 27을 2번 뺄 수 있으므로 343÷27의 몫은 10+2=12가 되고, 나머지는 73−54=19가 됩니다.

343÷27 ➡ 343−270=73

➡ 73÷27=2⋯19 ➡ 343÷27=12⋯19

같은 방법으로 451÷19을 계산해 봅시다.

451÷19 ➡ 451−190=260 ➡ 260−190=71

➡ 71÷19=3⋯14 ➡ 451÷19=23⋯14

방법 ② 어림으로 생각하기

(몇백 몇십 몇)÷(몇십 몇)을 계산할 때 수를 간단하게 어림하여 계산할 수 있습니다.

316÷52에서 나눌 수 316은 십의 자리와 일의 자리를 0으로 만드는 것이 좋고, 나누는 수 52는 자신보다 큰 몇십으로 바꾸는 것이 좋습니다.

$$316 \div 52 \Rightarrow 300 \div 60 = 5$$

300÷60의 몫인 5를 316÷52의 세로셈에 넣어 계산해 봅시다. 52×5=260이므로 316−260=56, 나머지가 56이 나옵니다. 56은 나누는 수 52보다 크므로 56에서 52를 1번 더 빼고, 몫인 5에 1을 더합니다. 나머지는 56−52=4입니다.

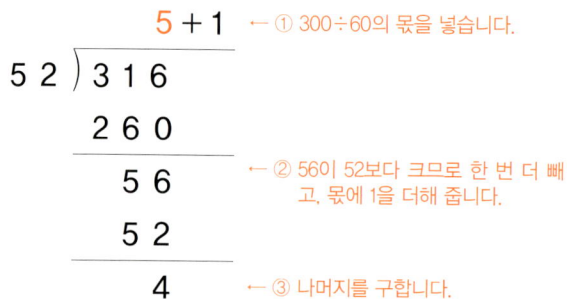

수를 어림할 때 나뉠 수는 작게, 나누는 수를 크게 하면 몫은 원래보다 같거나 작게 나옵니다. 위에서 살펴본 것처럼 몫이 정답보다 작게 나올 때는 몫을 더해 주면서 정답을 찾으면 됩니다.

연습 문제

Q 앞에서 배운 방법을 활용하여 다양한 방법으로 문제를 해결해 봅시다.

❶ 125 ÷ 19　　　　　　　❷ 189 ÷ 67

❸ 267 ÷ 28　　　　　　　❹ 358 ÷ 39

❺ 436 ÷ 54　　　　　　　❻ 512 ÷ 43

❼ 681 ÷ 46　　　　　　　❽ 926 ÷ 36

나만의 새로운 문제와 풀이

Q (몇백 몇십 몇)÷(몇십 몇)의 문제를 만들고 자신만의 새로운 풀이 방법을 생각해 봅시다.

1. 덧셈

❶ (몇)+(몇) 계산하기

1. $8 + 1 = 9$
2. $9 + 8 = 17$
3. $8 + 5 = 13$
4. $6 + 6 = 12$
5. $2 + 9 = 11$
6. $5 + 7 = 12$

❷ (몇십 몇)+(몇) 계산하기

1. $21 + 3 = 24$
2. $51 + 7 = 58$
3. $49 + 3 = 52$
4. $58 + 6 = 64$
5. $77 + 7 = 84$
6. $46 + 4 = 50$
7. 예) $36 + 9 = 36 + 10 - 1 = 46 - 1 = 45$
   정답 45개

❸ (몇십)+(몇십) 계산하기

1. $20 + 30 = 50$
2. $50 + 70 = 120$
3. $40 + 80 = 120$
4. $80 + 80 = 160$
5. $70 + 60 = 130$
6. $90 + 20 = 110$
7. 예) $90 + 70 = 100 + 70 - 10$
   $= 170 - 10 = 160$ 이므로 두 사람의 돈은 160원입니다. 160원을 넘는 200원짜리 볼펜을 빼고 지우개와 연필을 살 수 있습니다.
   정답 ①, ②

❹ (몇십 몇)+(몇십 몇) 계산하기

1. $21 + 58 = 79$
2. $51 + 29 = 80$
3. $47 + 31 = 78$
4. $58 + 95 = 153$
5. $66 + 68 = 134$
6. $46 + 71 = 117$
7. 예) $23 + 17 = 20 + 10 + 3 + 7 = 30 + 10 = 40$
   정답 40바퀴

❺ 세 수의 덧셈 계산하기

1. $38 + 3 + 17 = 58$
2. $24 + 17 + 8 = 49$
3. $15 + 20 + 25 = 60$
4. $18 + 23 + 49 = 90$
5. $17 + 27 + 37 = 81$
6. $25 + 44 + 11 = 80$
7. $25 + 39 + 15 = 79$
8. $29 + 31 + 26 = 86$
9. $17 + 32 + 43 = 92$
10. $88 + 37 + 52 = 177$

6 덧셈의 규칙 찾기

1. 29 + 7 = 36
2. 29 + 37 = 66
3. 28 + 48 = 76
4. 22 + 44 + 11 = 77
5. 9 + 11 + 13 = 33
6. 20 + 25 + 30 = 75
7. 예) 6 + 9 + 12 = 7 + 10 + 10 = 27
   정답 27개

7 덧셈식에서 □의 값 구하기

1. □ + 8 = 17   □ = 9
2. 5 + □ = 16   □ = 11
3. 3 + □ + 4 = 17   □ = 10
4. □ + 12 = 36   □ = 24
5. 22 + □ = 41   □ = 19
6. □ + 54 = 82   □ = 28
7. 42 + □ = 89   □ = 47
8. □ + 7 + 14 = 28   □ = 7
9. 11 + □ + 21 = 52   □ = 20
10. 16 + 23 + □ = 64   □ = 25

8 (세자리 수)+(세 자리 수) 계산하기

1. 218 + 373 = 591
2. 514 + 727 = 1241
3. 492 + 501 = 993
4. 585 + 586 = 1171
5. 177 + 758 = 935
6. 426 + 269 = 695
7. 예) 상호의 총점: 127 + 129 = 128 + 128
       = 128 × 2 = 256
   250m를 넘는 기록이므로 상호는 합격입니다.
   정답 총점: 256m이고 야구부 입단 시험에 합격하였음

9 (네 자리 수)+(네 자리 수) 계산하기

1. 3824 + 4982 = 8806
2. 1247 + 3289 = 4536
3. 6392 + 1999 = 8391
4. 4478 + 3245 = 7723
5. 9327 + 3588 = 12915
6. 7777 + 9999 = 17776
7. 3385 + 2977 = 6362
8. 2956 + 5884 = 8840
9. 예) 8276 + 1048 = 9000 + 200 + 110 + 14
       = 9324
   정답 9324명

재미있는 수학 이야기

스도쿠 정답

7	4	8	9	6	3	1	5	2
9	3	2	8	1	5	7	6	4
1	5	6	7	2	4	8	3	9
2	7	3	4	9	6	5	1	8
8	6	1	2	5	7	9	4	3
5	9	4	3	8	1	2	7	6
3	1	9	5	4	8	6	2	7
6	2	7	1	3	9	4	8	5
4	8	5	6	7	2	3	9	1

11. 뺄셈

❶ (몇)-(몇) 계산하기

① 7 − 3 = 4
② 9 − 5 = 4
③ 6 − 0 = 6
④ 2 − 2 = 0
⑤ 8 − 7 = 1
⑥ 5 − 1 = 4
⑦ 예 4 − 1 = 3
　정답 3권

❷ (몇십 몇)-(몇십 몇) 계산하기(1)

① 80 − 40 = 40
② 39 − 12 = 27
③ 27 − 13 = 14
④ 49 − 31 = 18
⑤ 88 − 25 = 63
⑥ 99 − 72 = 27
⑦ 76 − 23 = 53
⑧ 47 − 15 = 32
⑨ 예 68 − 23 = 63 − 23 + 5 = 40 + 5 = 45
　정답 45권

❸ (몇십 몇)-(몇) 계산하기

① 44 − 3 = 41
② 51 − 7 = 44
③ 83 − 9 = 74
④ 29 − 6 = 23
⑤ 36 − 7 = 29
⑥ 25 − 5 = 20
⑦ 42 − 8 = 34
⑧ 31 − 2 = 29
⑨ 예 25 − 8 = 25 − 5 − 3 = 20 − 3 = 17
　정답 17

❹ (몇십 몇)-(몇십 몇) 계산하기(2)

① 71 − 48 = 23
② 36 − 27 = 9
③ 75 − 39 = 36
④ 46 − 19 = 27
⑤ 27 − 18 = 9
⑥ 94 − 48 = 46
⑦ 78 − 59 = 19
⑧ 62 − 29 = 33
⑨ 예 82 − 27 = 82 − 30 + 3 = 52 + 3 = 55
　정답 55명

❺ 세 수의 뺄셈 계산하기

① 18 − 3 − 8 = 7
② 29 − 15 − 11 = 3
③ 66 − 29 − 31 = 6
④ 81 − 38 − 24 = 19
⑤ 95 − 22 − 35 = 38
⑥ 53 − 14 − 22 = 17

❼ 70 − 5 − 49 = 16

❽ 31 − 17 − 13 = 1

❾ 예) 28 − 11 − 8 = 28 − 8 − 11 = 20 − 11 = 9
  정답) 9문제

6 10, 100, 1000에서 뺄셈하기

❶ 10 − 8 = 2

❷ 100 − 7 = 93

❸ 100 − 48 = 52

❹ 100 − 83 = 17

❺ 1000 − 6 = 994

❻ 1000 − 25 = 975

❼ 1000 − 423 = 577

❽ 1000 − 595 = 405

❾ 1000 − 738 = 262

❿ 1000 − 917 = 83

7 (세 자리 수)−(두 자리 수) 계산하기

❶ 486 − 29 = 457

❷ 524 − 19 = 505

❸ 381 − 36 = 345

❹ 686 − 88 = 598

❺ 425 − 87 = 338

❻ 518 − 39 = 479

❼ 492 − 85 = 407

❽ 583 − 46 = 537

❾ 222 − 47 = 175

❿ 318 − 99 = 219

⓫ 예) 365 − 98 = 365 − 100 + 2 = 265 + 2 = 267
  정답) 267일

8 (세 자리 수)−(세 자리 수) 계산하기

❶ 582 − 197 = 385

❷ 492 − 178 = 314

❸ 367 − 189 = 178

❹ 888 − 694 = 194

❺ 236 − 128 = 108

❻ 677 − 388 = 289

❼ 716 − 529 = 187

❽ 934 − 256 = 678

❾ 900 − 592 = 308

❿ 600 − 528 = 72

⓫ 예) 862 − 428 = 860 − 430 + 2 + 2
   = 430 + 4 = 434
  정답) 434명

9 뺄셈식에서 □의 값 구하기

❶ □ − 5 = 7   □ = 12

❷ □ − 8 = 11   □ = 19

❸ □ − 23 = 59 □ = 82

❹ □ − 82 = 19 □ = 101

❺ 9 − □ = 2   □ = 7

❻ 17 − □ = 6   □ = 11

❼ 36 − □ = 19 □ = 17

❽ 128 − □ = 89 □ = 39

Ⅲ. 곱셈

❶ (몇) × (몇) 계산하기

① 7 × 2 = 14
② 9 × 8 = 72
③ 8 × 5 = 40
④ 6 × 6 = 36
⑤ 2 × 9 = 18
⑥ 5 × 7 = 35

❷ (몇십 몇) × (몇) 계산하기

① 21 × 3 = 63
② 52 × 7 = 364
③ 49 × 3 = 147
④ 78 × 6 = 468
⑤ 83 × 9 = 747
⑥ 38 × 8 = 304
⑦ 24 × 4 = 96

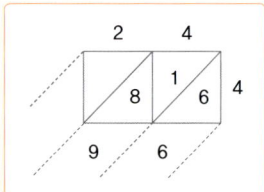

⑧ 95 × 7 = 665

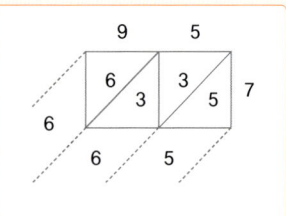

❸ (몇백 몇십 몇) × (몇) 계산하기

① 251 × 3 = 753
② 482 × 7 = 3374
③ 249 × 3 = 747
④ 372 × 6 = 2232
⑤ 184 × 4 = 736
⑥ 848 × 9 = 7632
⑦ 214 × 3 = 642

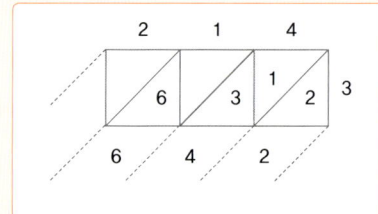

⑧ 593 × 7 = 4151

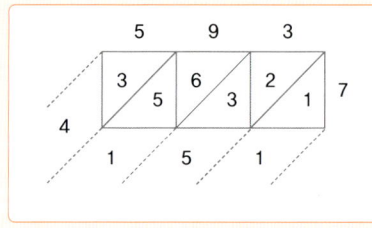

❹ (몇십) × (몇십) 계산하기

① 20 × 30 = 600
② 50 × 70 = 3500
③ 40 × 80 = 3200
④ 80 × 80 = 6400
⑤ 70 × 60 = 4200
⑥ 90 × 20 = 1800

❺ (몇십몇) × (몇십몇) 계산하기

① 28 × 57 = 1596
② 52 × 29 = 1508
③ 47 × 11 = 517
④ 68 × 99 = 6732
⑤ 45 × 45 = 2025
⑥ 46 × 64 = 2944

❻ 세 수의 곱셈 계산하기

① 28 × 3 × 17 = 1428
② 24 × 17 × 8 = 3264
③ 15 × 20 × 25 = 7500
④ 18 × 23 × 49 = 20286
⑤ 17 × 27 × 27 = 12393
⑥ 25 × 44 × 11 = 12100

❼ 곱셈식에서 □의 값 구하기

① □ × 8 = 24   □ = 3
② 5 × □ = 35   □ = 7
③ 3 × □ × 4 = 36   □ = 3
④ □ × 12 = 36   □ = 3
⑤ 22 × □ = 44   □ = 2
⑥ □ × 54 = 108   □ = 2

Ⅳ. 나눗셈

❶ (몇십 몇) ÷ (몇) 계산하기(1)

① 27 ÷ 3 = 9
② 95 ÷ 5 = 19
③ 36 ÷ 4 = 9
④ 72 ÷ 2 = 36
⑤ 84 ÷ 7 = 12
⑥ 78 ÷ 6 = 13

❷ (몇십 몇) ÷ (몇) 계산하기(2)

① 85 ÷ 4 = 21···1
② 39 ÷ 7 = 5···4
③ 28 ÷ 3 = 9···1
④ 49 ÷ 3 = 16···1
⑤ 88 ÷ 5 = 17···3
⑥ 99 ÷ 7 = 14···1
⑦ 76 ÷ 3 = 25···1
⑧ 47 ÷ 6 = 7···5

❸ (몇백 몇십 몇) ÷ (몇) 계산하기

① 214 ÷ 3 = 71···1
② 153 ÷ 4 = 38···1
③ 183 ÷ 9 = 20···3
④ 529 ÷ 6 = 88···1
⑤ 236 ÷ 7 = 33···5
⑥ 825 ÷ 5 = 165

❼ 242 ÷ 8 = 30…2

❽ 931 ÷ 2 = 465…1

④ (몇십 몇) ÷ (몇십 몇) 계산하기

❶ 27 ÷ 12 = 2…3

❷ 38 ÷ 25 = 1…13

❸ 54 ÷ 21 = 2…12

❹ 68 ÷ 32 = 2…4

❺ 96 ÷ 17 = 5…11

❻ 92 ÷ 38 = 2…16

⑤ (몇백 몇십 몇) ÷ (몇십 몇) 계산하기

❶ 125 ÷ 19 = 6…11

❷ 189 ÷ 67 = 2…55

❸ 267 ÷ 28 = 9…15

❹ 358 ÷ 39 = 9…7

❺ 436 ÷ 54 = 8…4

❻ 512 ÷ 43 = 11…39

❼ 681 ÷ 46 = 14…37

❽ 926 ÷ 36 = 25…26